U0941847

乡镇统筹

Township Co-ordination

陈雪原 著

中国社会科学出版社

图书在版编目（CIP）数据

乡镇统筹/陈雪原著．—北京：中国社会科学出版社，2018.2

ISBN 978－7－5203－1154－0

Ⅰ.①乡…　Ⅱ.①陈…　Ⅲ.①城乡建设—研究—中国
Ⅳ.①F299.21

中国版本图书馆 CIP 数据核字(2017)第 244745 号

出 版 人　赵剑英
责任编辑　卢小生
责任校对　周晓东
责任印制　王　超

出　　版　中国社会科学出版社
社　　址　北京鼓楼西大街甲 158 号
邮　　编　100720
网　　址　http://www.csspw.cn
发 行 部　010－84083685
门 市 部　010－84029450
经　　销　新华书店及其他书店

印　　刷　北京明恒达印务有限公司
装　　订　廊坊市广阳区广增装订厂
版　　次　2018 年 2 月第 1 版
印　　次　2018 年 2 月第 1 次印刷

开　　本　710×1000　1/16
印　　张　13
插　　页　2
字　　数　194 千字
定　　价　58.00 元

凡购买中国社会科学出版社图书，如有质量问题请与本社营销中心联系调换
电话：010－84083683

前　言

本书除第一章、第二章、第四章和第五章外，其余三章尚未公开发表。这些章节是我十年来一边在中国社会科学院人口与劳动经济研究所、城市发展与环境研究所学习，一边在北京郊区从事调查研究与改革试点工作的提炼与总结，是对农村社会结构转型理论建构三部曲——《村富论》之后的“第二个脚印”。初生牛犊不怕虎。从读大学以来，就试着对“三农”问题提出一个总体性的破解方案，虽少有冥思苦想的记忆，而此一雄心实一日未减。经历误打误撞的苦行之后，终有一刻，豁然贯通焉，不觉体味到“历史与逻辑的统一”。

博士期间，我论证了村庄分化的日趋固化问题；博士后期间，提出了双刘易斯二元模型及农民“带资进城”的社会转型路径。自2013年以来，在北京市农村经济研究中心组织开展二道绿隔地区“五区六镇”乡镇统筹利用集体建设用地改革试点过程中，边实践、边思考，尝试着将“乡镇统筹”作为一个独立的学术概念进行逐条辨析，以期跨越盲人摸象的惊险一跳，形成系统性认识，这也是理论创设的必备前提。我想利用本书出版的契机，介绍一下我从经济体制演变的规律性以及社会主义的本质性特征角度对“乡镇统筹”进行的一点新的思考，作为阐述七章内容之前的一个“体”，以为各类相关问题取舍之标准。

一　乡镇统筹是农村经济体制演变的新阶段

乡镇统筹是一种新的经济体制，是“统分结合、双层经营”体制的升级版，深深扎根于农民生于斯长于斯的土地，饱含着农民对未来大同世界的殷切期望。

人类脱离茹毛饮血的时代后，开始了田园牧歌式的定居生活，就要解决生产什么、如何生产和为谁生产三个基本问题，需要处理好劳动、土地和资本三要素之间的配置关系、要素占有主体与经营主体之间的产权关系，以及微观主体与宏观管理之间的规制关系三个层面的问题。不同的历史发展阶段面临着不同的社会主要矛盾，呈现出人与物、人与人结合的不同生产方式，决定了相应的社会性质与社会形态，形成了与之相适应的经济体制。

经济体制概念可大可小，可以针对一个国家，也可以是一个省、一个县、一个村镇乃至一个农户，但目标、制度、机制与主体是其四个基本元素，目标是总价值观，统领了其他三个方面。目标发生变化，其他三个方面也会或迟或早地发生变化。比如，在虞舜时期，解决水患是当时最紧要的目标，鲧消极怠工，用堵的办法治水，七年无功而被流放至死；大禹三过家门而不入，采用疏导的办法治水成功，被推举为部落首领。经济体制实质是一个首位目标统领下的发展逻辑，这是理解人类社会历史变迁的一把“万能”钥匙。

如果采用至简主义的方法，可以把人类社会发展阶段划分为农业文明和工业文明两个时代，后者又可以细分为资本主义时代和社会主义时代，由此形成了三种基本社会形态，相应地有三类不同的经济体制。

在漫长的农业文明时代，由于生产力水平低下，生产方式主要是“一亩地、两头牛、老婆孩子热炕头式”的三要素的简单组合。当然，土地是农业生产方式中的关键因素，也成为或大或小的各类冲突乃至战争发生、发展及终结的主要动因。在中国进入工业文明之前的2000多年的土地制度演变过程中，经历过井田制、初税亩、均田制、两税法、摊丁入亩等多次土地改革，重复着土地兼并、王朝覆亡、新朝诞生、休养生息再到土地兼并的治乱轮回。其中，商鞅变法是一个重要的历史节点，在以“农战”为核心的包括“多子继承、分家析产”在内的一整套制度设计下，逐渐形成了中国人多地少的资源禀赋结构特征，对中国历史发展影响至今。秦汉大一统国家的形成，彻底结束了类似西欧采邑性质的封邦建国体制，稳固了中央集权下的地主土地所有制，其后虽经北魏、隋唐时期的土地国有化变革，但总体上看，一直到民国时期，呈现出类型较为一致的土地制度形态，也为亚细亚生产方式的形成奠定了制度基础。在农业社会低生产力水平情况下，随着人口压力的日益增加，加之地主阶级的巧取豪夺，高利贷盛行，人地关系日益失衡，进而引发一次又一次的农民起义。而远在西方的马尔萨斯基于对工业文明到来之前的农业社会的观察，把农业劳力投入称为一支收益递减的短歌，认为人口增长远远超过粮食增长的速度，只有采取瘟疫、战争等办法，才能达到人地关系的均衡。马尔萨斯主义的提出验证了东西方社会发展规律的同一性。耕者有其田一直是农业文明时代农民心底最强烈的渴望，就整个社会而言，则是要求保持一个相对均衡的人地关系。从中国历史来看，在农业文明时代，经济体制的目标主要是实现低水平的扩大再生产；政策制度则是休养生息，轻徭薄赋；实施机制是扶持自耕农，土地可以自由买卖，劳役地租逐渐让位于货币地租；实施主体主要是地主和农户。在生产能力比较有限的条件下，无法从根本上遏制土地兼并，地主对农民的剥削和压迫的社会问题也就不可能得到彻底解决。

当英国的大笨钟敲响了世界工业文明的新纪元，农民开始逐渐分化，一部分仍旧留在农村务农，更多的则是奔向城市、集镇的工厂，接受现代化生产方式。由此，比较彻底地解决了几千年来的农业文明时代人口对土地的持续压力问题。经历了200多年的社会结构转型，英国、法国、美国等先进资本主义国家以及德国、日本、韩国等后起资本主义国家，完成了农民在城镇的“安居工程”，形成了人均收入趋于收敛的富国俱乐部——OECD，城乡社会进入相对均衡发展的阶段。但是，20年代大萧条、次贷危机、占领华尔街、美国退出《巴黎气候协定》、新近西方多地恐怖袭击等事件的接连爆发和蔓延，民粹主义泛滥，说明社会被撕裂的危险仍然存在着。更不用说拉美、南亚及非洲尾大不掉的贫民窟。社会问题长期不能解决，恰恰说明资本主义没有能力真正带来人类的解放，资本主义体制不是“历史的终结”。对此，许多志士仁人开了不同的药方。米塞斯与凯恩斯各自提出了针锋相对的理论，前者强调自由市场，后者主张加强国家干预。但在次贷危机、滞胀等现实面前，两种不同的思潮和理论都只能解决局部性或短期性问题。科斯另辟蹊径，从社会成本问题角度切入，提出要清晰产权，在交易成本为零的情况下通过主体之间自由谈判来实现外部社会成本内部化。外部社会成本问题，案例俯拾皆是。比如，内蒙古自治区自20世纪80年代推进畜牧和牧场承包后，草场被划分为小块，不再统一使用，彼此独立经营管理。在小牧民经济条件下，经营管理水平有限，短视行为严重，过度放牧的结果导致牧场沙化严重。有的经营不善，卖掉草场，买草场的人又将草场卖给挖沙修路的，直接形成沙坑。对周边环境产生进一步影响，但周边草场的主人对此毫无办法。又如，在广西大量种植的速生林桉树，解决了广西80%以上和全国10%以上的木材生产。由于种植后快速的轮伐，让长期种植桉树的土地呈现出惊人的耗水量和耗肥量。还有，城中村农民靠出租房屋形成的瓦片经济，导致人口拥挤、资源过度开发、环境脏乱差等“大城市病”问题。再如，农民工进城打工在经济学家眼里是改进了劳动力资源配置的效率，但劳动力本身是社会人，不是单纯的经济人，由外出打工导致的夫妻两地分居、留守儿童、祖孙代际思念等各类社会成本问题，他们往往就不去关心了。诸如此类，不胜枚举。其实质是市场主体只计算私人成本和收益，社会成本甩给社会，最终酿成严重的社会问题。在资本主义社会，个体私有制条件下势必产生更多的社会成本，社会问题往往更为突出。毋庸讳言，科斯的确找到了针砭资本主义弊病的一个好的切入点，但没有提供一个科学的解决方案，因为资本主义私人占有制条件下土地、资本和劳动三要素所有者之间的利益对立性及主体分散性决定了高昂的交易成本，并导致了大量交易行为的萎缩。如中国台湾地区的土地重划费时费力，效率低下，仅一平方公里的重划工程往往需要耗费十年之功。总体上看，资本主义经济体制的发展目标以利润最大化为核心，是对财富的追求，政策上主要以维护大资本、大金融财团的利益为导向，实行民主与自由的市场机制，主要以公司为支撑主体。尽管资本主义制度历史性地提高了人均财富水平，但由于大量的外部成本无法内部化，无法从根本上解决贫富差距、生态恶化等社会问题，难以消除“朱门酒肉臭，路有冻死骨”的极端现象。随着社会矛盾的累积，这种经济体制将难以持续。

自《乌托邦》问世500年来，一代又一代的社会主义者前赴后继，艰辛探索，力求解决贫富差距等上述各类社会问题。实际上，中国古代先贤早在2000多年之前就提出了大同世界的美好愿景。近代的圣西门、傅里叶、欧文则提出了空想社会主义的新思想，矛头直指资本主义的罪恶。可惜，都没有能够找到现实的解决方案。直到1848年马克思、恩格斯发表《共产党宣言》，基于公有制基础上的科学社会主义理论开始引领人类发展的新航向。虽然历经种种曲折与顿挫，社会主义的实践从未停止。俄国十月革命一声炮响，为中国送来了马克思主义。在以毛泽东为代表的第一代中国共产党人领导下，推翻了封建主义、帝国主义和官僚资本主义三座大山，建立了新民主主义的中国，随即开启了三大改造为主的社会主义革命和建设的艰辛探索，提出和建立了一整套有别于苏联的中国特色的社会主义制度。其中，1958 年初步建立，1962 年颁布《农村人民公社工作条例修正草案》（简称《人民公社六十条》）之后基本稳定下来的集体经济体制，是我国农村地区的一项系统性的制度设计，对于推动国家工业化进程、改善农业基础生产条件、实现农民共同富裕，发挥了关键性作用。其区别于苏联集体农庄的主要特征在于其综合性，即产业与功能的多元化，不仅有农业，还有社队工业。非农产业发展内在要求资源要素的规模化集中配置，首先就要破解土地集中优化配置与产权碎片化之间的体制性矛盾，由此构成了人民公社经济体制的“合理内核”。此外，集体经济组织还具有承担公共服务的社区性和以集体土地为纽带的合作性。当时，为了集中农村人力、物力、财力快速推进国家工业化，并开展大规模的农田水利基本建设，需要动员大量人力、物力，由于“管得过严”“统得过死”等管理体制上的诸多弊端，农村地区经济社会发展缓慢。

改革开放后，“统分结合，双层经营”的家庭承包经营体制极大地调动了农民的生产积极性，分散化经营适应了当时全国农村地区以农业为主的发展阶段，农业生产效率快速提升，农业多种经营与农村工业化开始起步。然而，在“村自为战、户自为战”的家庭承包经营体制下，经过了近四十年的村庄自由竞争，村与村之间的贫富格局基本定型，其进一步发展的空间已经式微。由于农民组织化程度低，资源配置效率低，靠单打独斗难以真正富裕起来，更不可能实现共同富裕，全国各地已经普遍产生了让农民组织起来的需求。随着工业化、城镇化的快速推进，需要土地、资本、劳动力等资源要素的集中优化配置，解决土地产权碎片化、城乡二元分割等诸多深层次的体制问题。于是，出现了上海、无锡、成都等地“耕地向大户集中，工业向园区集中，农民向镇区集中”的“三集中”改革。这种土地、产业、人口的集中势必要求组织体制的深刻调整。近年来，针对上文提到的承包后形成的小牧民经济问题，内蒙古草原上兴起了牧民合作社组织，通过重新走向联合，有效地解决了牧区土地产权破碎化问题，降低了经营成本，减少了打井数量，恢复了传统游牧的部分传统。当农民重新走向联合的时候，就有了进入市场，增加收入，进而完成社会结构转型的组织载体。党的十六大提出城乡统筹发展方略以来，天津“宅基地换社保”、重庆地票、广东“三旧改造”、成都“小组微生”、浙江嘉兴“两分两换”、武汉市农村产权交易所、上海市松江区镇级集体产权制度改革等，各地农村改革如火如荼，其实质是要以集体经济组织为载体实现社会转型，即让农民“带资进城”，在城镇化之后有一个永久的利益依托。随着在北京市大兴区等全国 33 个区县农村土地三项改革试点的深入推进以及党的十九大之前《土地管理法（修正案）》向社会公开征求意见，“带资进城”的现实版在日益增多。特别是作为全国城乡统筹试验区的成都，较早地提出了“市统筹、区统筹、乡（镇）村统筹”的实施方案，旨在为“三集中”找到更为彻底的体制支撑。

北京市自 2010 年以来，经过了大兴区西红门镇、旧宫镇，海淀区东升镇的乡镇统筹利用集体建设用地的区级试点、二道绿化隔离地区“五区六镇”乡镇统筹利用集体建设用地的市级试点以及最近启动的“一区一镇”的扩大试点，“乡镇统筹”的思想和实践已被广泛接受，并成为当前推进首都郊区农村经济体制改革与发展转型的基本思路。

乡镇统筹提出于实践，成功于实践，背后则反映了城乡一体化背景下经济体制演变规律性的内在要求，是农村经济体制改革的新阶段。农村改革 30 多年来，农村地区内部收入差距持续扩大，非均衡发展态势日益明显。经济体制改革的目标要从“效率优先，兼顾公平”向城乡与区域均衡协调发展转变。自党的十六大以来，在“三农”领域形成了一系列重要思想，核心目标是要解决均衡发展问题，关键一招是土地制度改革，基本路径是本土型城镇化，最终完成农村社会结构转型。党的十九大明确提出：中国社会主要矛盾已经转化为“人民日益增长的美好生活需要和不平衡不充分的发展之间的矛盾”。由此，乡镇统筹的经济体制应运而生。

二　乡镇统筹反映了社会主义的本质性特征

理论是灰色的，生活之树是常青的。乡镇统筹的提出来自中国城乡社会结构转型的地方最新实践，带有浓厚的实用主义色彩，先天具有新鲜事物的特点，尚未得到理论上的充分论证和阐发。在推进乡镇统筹改革试点的过程中，一直有来自不同层面的质疑声。“乡镇统筹是不是要回到人民公社”“镇里缺乏统筹的能力”“要发挥市场的作用，镇里凭什么要统筹村”“乡镇统筹是以镇为单位的统筹，还是以跨村的片区为单位”“联营公司会不会成为腐败的‘温床’”，等等。诸如此类的问题，从概念到操作的不同层面上，均有歧义。需要对乡镇统筹，从实践再回到理论，回到共产党人的初心，进行一次全景式的解读，廓清本义。

首先还是要从一个老问题说起：社会主义经济体制区别于资本主义经济体制的本质性特征是什么？

刚才提到了资本主义经济体制的一个基本问题，就是不能有效地实现外部社会成本内部化。一个社会的经济制度在以私有制为主体的情况下，行为主体会把社会成本甩掉而只顾私人成本和私人收益。社会成本的长期累积势必会导致社会矛盾的激化。除非将这种社会矛盾再转嫁给第三世界国家，否则这种趋势将难以根本改变。当然，对于资本主义概念，需要采取一种宽泛的理解，即一种经济体制，纯粹出于谋求私人利润最大化，漠视社会成本问题。在社会主义初级阶段，也需要警惕这种情况的变异式存在。如许多大城市城乡接合部的“脏、乱、差”“小、散、低”是如何形成的？根本原因在于过去传统的条块分割的经济发展方式缺乏一个统筹的体制保障。一些开发商挑肥拣瘦，吃肉吐骨头，把社会成本甩给了社会，农民和集体把区位好的地块贡献出来，村庄改造却作为社会性负担而没有纳入项目成本，被甩了下来，集体产业没有得到升级，农民自身的社保也没有得到应有的解决，住房、公共服务等一系列问题和矛盾快速累积。农民天天要吃饭，不可能看着建设用地不建设，天天拍大腿，自然会冲动式地发展低端“瓦片经济”，争抢土地这块“唐僧肉”。经历开发商、政府、集体、农民多方旷日持久的土地红利争夺后，产生了人口、资源、环境矛盾的“大城市病”。

马克思预言资本主义必然灭亡，社会主义必然胜利，最基本的依据就是“社会化大生产与资本主义私人占有制之间的矛盾”。准确地理解这句话，是抓住社会主义本质性特征的关键，这就要从产权关系切入，特别是社会化大生产所需要的社会化的产权关系。马克思在赞颂资本主义的历史优越性时举的一个例证，就是股份公司使英国修一条铁路的融资问题瞬间迎刃而解。可是，这种资本之间的联合往往面临着高昂的交易成本。在社会主义公有制条件下就可以得到大幅度节约。以北京市丰台区长辛店镇为例，该镇是乡镇统筹利用集体建设用地改革试点，实施方案中，把镇里9个村集体联合起来，组建镇级土地资源联合社进行镇域或片区式的整体开发，改变过去“村自为战，一村一策”的城乡接合部改造方式，实现镇域均衡协调发展。在集体土地所有制条件下，仅需要镇统一协调，由9个村集体进行谈判就可以了。假如是农户土地私有制，要让现有镇域农民共1.6万人直接形成集体行动是难以想象的，即便是各自选取代表进行谈判，其改造完成时间也将难以预测。要实现社会化的产权关系，适合建立所有权意义上的公有制。当然，在实现了全民所有制与集体所有制的条件下，未必一定会产生社会化的产权关系。比如计划经济时期，城乡之间、地区之间、行业之间甚至企业之间，都充斥着条块分割，资源配置效率低下。通过乡镇统筹，组建跨村联营公司或土地资源联合社，突破村域的局限，整合集体土地资源，就可以实现地尽其利与地利共享。如果给社会主义一个学术化的定义，不妨认为社会主义就是适应社会化大生产要求，破除资本主义私人占有制，建立所有权意义上的公有制，形成社会化的产权关系，或简称为“通过公有制基础上的产权社会化实现社会福利最大化”，即“社会收益减社会成本的社会福利最大化”。从这个意义上讲，共同富裕更多的是在一般性意义上体现社会主义特征。在一些资本主义国家，如 OECD 国家之间或欧盟、美国、日本等国家的内部，在一定程度上已经实现了人均收入意义上的绝对收敛。

综上所述，从社会主义本质特征意义上，给乡镇统筹做一个一般化的定义：（1）从经济体制演变角度看，乡镇统筹是继人民公社、“统分结合、双层经营”的家庭承包经营体制之后的一种新的经济体制，是在农业社会向工业社会转型的关键阶段，通过村集体经济组织之间的联营联建，将碎片化的土地产权关系进行重新联结，实现土地资源要素的集中优化配置，推动城乡与区域均衡协调发展。（2）从集体土地改革角度看，乡镇统筹是一种新的土地制度，可称为“联地制”，与平均地权、“单一税”等世界上大部分土地改革集中关心收益分配不同，乡镇统筹的土地改革，既要解决地利共享，又要实现地尽其利，是一种基于公有制基础上的社会主义的土地改革理论。（3）从城镇化角度看，乡镇统筹是由大城市带动的城镇化模式转向本土型城镇化。让农民“带资进城”，提高市民化质量，实现经济社会稳步转型。因而，乡镇统筹的本义，可以提炼概括为：通过成立乡镇级产权主体，跨村联营联建，突破“村自为战”的体制格局，集约利用集体土地，整合集体资源、资产、资金，实现地尽其利与地利共享，是让农民“带资进城”，完成本土型城镇化的一种关于社会结构转型的理论。

三　内容提要

本书主要分为三部分，第一章和第二章论证乡镇统筹的必然性，属于理论部分。第三章至第六章阐述乡镇统筹的方式方法，属于实践部分。第七章对乡镇统筹进行历史定位。

需要说明的是，“乡镇统筹”不等于“乡镇统筹利用集体建设用地”，是一个内涵和外延更为广泛的概念。但是，集体建设用地集约利用是当前农村社会结构转型的第一步，也是提出乡镇统筹概念的最直接来源，在不作特别说明的情况下，两个概念等同使用。总体上看，农村社会转型要经历资源整合、资产经营和社会治理三个大的阶段。现阶段，主要是通过乡镇统筹解决资源整合问题，在乡镇统筹的实践进一步深化后，可以将资产经营阶段的联营公司法人治理结构与社会治理阶段的农民社会保障与公共服务、乡镇管理体制改革等问题逐步纳入进来。

第一章以农民市民化成本倒逼大城市主导的城镇化道路转型、让农民“带资进城”与村庄发展的“俱乐部”收敛现象为立论基点，提出实施乡镇统筹，打破“村自为战”发展的体制格局，加快城乡与区域均衡协调发展。在城乡二元结构体制和传统的农村集体所有制两个基本制度条件下，形成了多重市场分割，导致大量资源错配现象，农民市民化的社会转型将不会自然完成，需要对这两个制度本身进行变革，在路径和制度安排上进行顶层设计。首先，进入大城市的农民工大部分不具备定居能力。从户籍门槛角度来审视农民市民化滞后问题几乎成为一种思维定式。但是，尽管各地户籍制度改革在快速推进，农民市民化进程并未出现相应的明显加快。住房、社会保障和公共服务等福利因素形成的进城高成本门槛才是影响农民市民化的主要障碍。

稳步探索农村集体所有制体制机制创新，让农民带着资产进城，是破解农民市民化资金平衡机制的关键。其次，实现“市民化”的大部分原农村居民缺乏实实在在的获得感。实证分析发现，农民转居民满意度与是否持有集体资产资源，即“带资进城”密切相关。最后，在村庄分化格局基本固化的情况下，弱村难以凭自身能力寻找新的发展空间，需要实施“乡镇统筹、联营联建”，以形成新的集体资产，让农民有资可带。

第二章提出了“双刘易斯二元模型”的理论假说，为乡镇统筹提供理论支撑。首先，传统刘易斯二元模型中舍象掉了土地要素，忽略了中国农村社会结构转型的基本制度前提。在集体土地所有制条件下，农民在市民化过程中面临着如何处置在集体中的资源资产问题。其次，将土地要素引入刘易斯二元模型，构建一个双弯折曲线的“双刘易斯二元模型”，并揭示其动力机制。“该理论的意义不仅在于能够对转型经济的发展过程做出更合乎实际的解释，更在于为农民在市民化过程中享受土地增值收益，实现‘带资进城’提供了理论依据。”（《中国农村经济》2015年第3期卷首语）最后，从实证角度，将农村集体土地价值与农村居民工资性收入变动数据进行比较，形成几乎对称的双弯折曲线，为理论模型提供了现实依据。

第三章阐述乡镇统筹的治理体系，核心是建立以土地资源联合社或联营公司为代表的产权主体。主要包括乡镇统筹利用集体建设用地的统筹方式、乡级主体与股权结构，解决“统”什么、谁来“统”、如何“统”的问题。首先，统筹方式。在城市化地区，大规模的产业园区已经建设完毕，多数以具体项目为载体进行跨村统筹、联营联建。在城市近郊及小城镇地区，采取组建片区性的联营公司或土地资源联合社形式，进行片区统筹。非集中城镇化地区可以采取片区性的联营公司或土地资源联合社进行片区统筹，也可以进行全镇域的统筹。其次，乡级主体。主要是乡镇党委政府、土地资源联合社或联营公司、社会资本联合体，分别负责乡镇统筹过程中的重大决策和专业化管理、土地资源整合与内部经营管理以及具体项目申报与运营。第三，股权结构。主要有土地股、人口股、资金股以及人地资结合四种基本形式。通过明晰股权关系，界定乡村两级集体经济组织的治理边界。

第四章阐明乡镇统筹利用集体建设用地的供地主体、规划审批、产权颁证和抵押融资四个工作要点及工作流程，并论述了市场运作和收益分配两个关键环节。与各环节相配套的是乡镇统筹所需要的政策体系，由此形成了区别于城市地区国有土地开发利用的农村集体土地规划管理制度框架。前四个环节已经形成了比较成熟的工作流程，并被“北京实践”所证明。市场运作和收益分配两个环节还在继续研究探索中。

第五章回顾北京市乡镇统筹利用集体建设用地试点的三个阶段的实践，以典型案例的形式，具体阐述乡镇统筹在真实世界里的运作方式方法，并针对每一个案例进行问题聚焦和解剖。比如，东升镇重点是土地自主开发、集体产权改革和政府政策创新三个方面；西红门模式的创新点是整体改造而不是“村自为战”，是“以增促减”而不是“指标主义”，是循序渐进而不是大拆大建；旧宫镇模式除具有西红门的基本特点之外，是没有直接进行全镇统筹，而是将全镇分为四个片区，每个片区依托一个高端产业项目实施片区统筹；长辛店镇模式的特点主要是棚改项目带动、只增容积不增规划用地指标、股权结构人地结合；来广营乡模式是以项目为载体，五个村集体与乡农工商公司联营联建，实现乡域经济的均衡发展。

第六章是对乡镇统筹利用集体建设用地的小结，概括提炼出乡镇统筹的基本框架。一是战略目标。如果从“道、法、术”三个层面看，分别为城乡与区域均衡发展、治理大城市病与农民增收、“拆、建、绿”。二是工作机制。主要包括市指导、市备案；区主责、区审批；镇村主体三个层面。乡镇统筹主要是在镇级层面的政府统筹与联社统筹，具体实施过程中需要市区两级的专业指导与政策支撑。三是供地方式。主要有征地后按照相应比例给乡村集体预留部分用地；大部分保留集体建设用地性质，部分征地用来平衡资金；全部保留集体建设用地性质直接入市三种类型。直接入市又可以细分为租赁、作价入股和出让三种基本形式。四是平衡机制。主要是算好人口账、土地账、规划账、资金账和产权账。五是关键环节。主要包括跨村联营、规划审批、产权颁证、抵押融资、指标设计、市场运作、收益分配与产业升级八个环节。六是前置条件。主要是培训集体经济组织带头人与建立健全集体经济发展的配套体系。

第七章是对乡镇统筹进行总结，分别从农村经济体制演变、集体土地制度改革与本土型城镇化三个角度对乡镇统筹进行解读，揭示其不同的内涵与价值，廓清乡镇统筹本义，对其历史地位进行清晰定位，凸显乡镇统筹理论研究的前瞻性、前沿性和实用性。

四　感谢语

本书是对过去学习和工作的一个“再回首”，历时十年。只是当初并不知道要形成这样一个相互贯通的社会结构转型的理论框架。一路走来，我得到了很多领导、同事、师长和各界同人的关心、支持与鼓励。七年来，令人十分敬重的老领导郭光磊主任，对我工作上不断压担子，提供了一次次宝贵的锻炼机会，使我获得了前所未有的历练与成长。特别是近年来，搭建了一个全市性的乡镇统筹改革试点平台，为社会转型理论研究提供了难得的实验室。乡镇统筹理论的前端来自对农民市民化的研究。2010年，我开始在魏后凯研究员的指导下开展博士后工作，那是一段快乐而又难忘的时光。研究方法的有力指导、科研风格的熏陶感染以及生活上厚重的关心，感念至今。这期间，通过对农民市民化成本的测算，彻底放弃了大城市主导的城市化理论。转而对“带资进城”进行了较系统深入的研究，形成了刘易斯二元模型的一个新的拓展。

要特别地感谢我的乡镇统筹的思想启蒙导师张文茂所长。2005 年，所长把我招进农研中心，当时还没到毕业时间就带着我深入山区搞调研，研究山区发展的路径、镇域人口结构的变化、人口流入村与人口流出村的村庄基本类型划分、反思“三农”问题与城镇化道路的关系，经常是路上边看边讲，耳濡目染之中，不知不觉地舍掉了对黑板经济学的执迷，对集体经济的认知开始从无到有、从知之不多到知之较多。正是他较早提出了乡镇统筹的思想，并一次又一次地阐发乡镇统筹的要义和关键点。最近，所长又告诉我要从典型案例出发阐述乡镇统筹的理论、塘约道路的下一步关键在乡镇统筹、分析一个典型案例要区分本质特征与非本质特征、集体所有制与成员集体所有制的差异性、集体产权制度改革的真正动因，等等，这些教诲如甘霖般滋养着我的学术心灵。直至今天，所长已近古稀之年，仍以其惊人的毅力和充沛的精力，从毛泽东农村现代化理论出发，鼓励指引我们年轻人推进集体经济的理论与政策研究。

中国社会科学出版社卢小生主任快节奏、高水准地组织了该书的编辑工作。经济体制处的孙梦洁、王洪雨、虞贞桢，直接帮我完成了该书中大量的数据整理、图表制作。王和群、翟广哲、常印怀、张春红、万士芸、白永红、张华义、张洪克、闫山、王小东、陈斌、景福来、刘秀泉、李专平、范宇忠等许许多多来自区、镇、村的“三农”一线同志的鼎力协助、促膝讨论，使我始终保持着一份“三农”实感。三年多来，与青年才俊李尧的讨论是最多的，令我较快地掌握了土地理论与政策的常识，体会到土地改革，特别是中国台湾土地改革的诸多精妙之处。他也是本书最重要的思想贡献者之一。

要特别感谢市委改革办、市农委体改处、市规委用地处、市国土局耕保处、市规划设计院、大兴区委研究室、大兴区土地改革试点办、旧宫镇党委政府、西红门镇党委政府、东升镇党委政府、长辛店镇党委政府、来广营乡党委政府、卢沟桥乡党委政府以及市区镇各级经管部门，为多年来的研讨交流、实地调研提供了大力支持和第一手资料。

历史与逻辑总是存在惊人的巧合。当农村社会结构转型理论研究三部曲即将进入“农业产业组织体系”的收官之际，农研中心新的班长吴宝新主任和主管领导熊文武副巡视员给我新压了一副重担，启动北京市新型农业经营主体培育与政策体系的重大课题研究，内在偏好与工作重任的高度吻合，可谓双剑合璧，令我兴奋不已。

回首一路汗水浇灌而成的漫漫学术苦旅，是家庭的温馨给了我不竭动力，在真理追求过程中，始终保持着达观与乐变。贤内李青女士始终是我的第一读者，那种注册会计师特有的敏锐，让我能有更好的理论直觉，还像是一把“隔音伞”，免除了家庭冗杂事务，给了我相比同龄经济学人更大的自由度。每次儿子鼎岳电话呵斥我赶快回家晚饭之际，竟成了我一天最快乐的时光。

最后，怀着“以文会友，以友辅仁”的诚挚，恳请各路方家，特别是“三农”一线从事实际工作的同志们多提宝贵意见，使理论在实践中得到不断的修正和完善。2017 年，“塘约现象”引起了社会各界的广泛关注，地处偏僻的云贵高原，通过村社一体、“八村 + 塘约”独自闯出了一条在集体经济发展较薄弱条件下的乡镇统筹的均衡发展道路，印证了首都郊区农村改革实践形成的乡镇统筹经验所应具有的一般性意义。近期，又在西藏自治区尼木县的仅有两个行政村的卡如乡，发现通过组建乡党委书记任社长、乡党委委员任部门负责人的乡级联合社以解决贫困问题的乡镇统筹的新鲜实践。而在浙江省嘉兴市的南湖之畔，由平湖市委组织部牵头实施的 54 村跨镇联营联建转化集体经济薄弱村，或又可以称为乡镇统筹的升级版，成为“不忘初心”的经典诠释。再畅想一下，发展经济学家托达罗提出基于农村的发展战略，那么，中国依托集体经济推进乡镇统筹的理论与实践，将来也许会有益于亚非拉人口稠密地区的乡村发展与人民福祉。

于北沙滩7号院

2017年12月26日

目　录

第一章　乡镇统筹的时代背景

回顾世纪之交的“三农”问题，可以有一个基本的判断：“三农”问题的实质是城镇化道路出了问题，要破解“三农”问题，就要放弃大城市带动的城镇化模式，走本土型城镇化道路。大城市带动模式，具有市场分割、政府主导、GDP 导向、人为压低转型成本等特征，空间分割与产业分割的发展体制下，城乡与区域之间非均衡发展态势日益凸显。主要表现在三个方面：市民化的高成本形成规模庞大的农民“夹心层”，一边进不了城，一边又回不了乡；农转居满意度较低，农民进了城但没有享受到应有的社会保障与公共服务；农村地区内部的分化格局已趋于固化，好的村一直好下去，差的村一直差下去。甚至一些地方出现了“农业庄园化、农民无产化、农村空心化”现象，或者可以说，中国已经具有滑向“中等收入陷阱”的可能。在这种情况下，迫切需要去寻找一种新的经济体制、新的土地制度，以引导和支撑城镇化道路转型。

一　难以逾越的市民化成本门槛

21 世纪以来，随着“三农”问题的日益升温，新型城镇化已经成为中国经济社会各界关注的焦点问题。2000 年，国家“十五”规划提出，“实施城镇化战略，促进城乡共同进步”，把城镇化上升为国家战略。2012 年，党的十八大提出，“走中国特色新型城镇化道路”，“有序推进农业转移人口市民化”。2013年，党的十八届三中全会进一步提出，“完善城镇化健康发展体制机制”。走中国特色新型城镇化道路，核心是要让农民享受市民待遇，实现农民市民化，完成农村社会结构转型。

（一）农民市民化滞后日趋严重

2011年，中国城镇化率跨越了50%的临界点，但是，农民市民化进程依然滞后。突出表现在农民户籍转变滞后于城镇化进程的趋势日益明显。

户籍不仅代表户口登记，背后还含有大量的福利因素，是否拥有城镇户籍一直是能否享受市民待遇的主要依据和标志。通过按户籍人口与按常住人口计算的城镇化率的变动趋势对比，可以明显地看出，越来越多的农村人口在成为城镇常住人口的同时，未能转变为城镇户籍人口。在严格实行户籍制度的计划经济时期，由于没有自发性人口迁移和流动，一般把非农业户口统计为城镇人口，把农业户口统计为农村人口，如1964年的第二次人口普查和1982年的第三次人口普查。改革开放以来，农村劳动力向城市流动规模越来越大，针对这种新情况，1990年进行的第四次人口普查采用了常住人口的概念，即那些离开家乡进城时间超过一年的流动人口，也被算作城镇常住人口。到2000年的第五次人口普查，离开家乡进入城镇的时间只要达到半年，即使没有改变户籍，也被视作城镇常住人口。其结果是，城镇化率与非农化率产生了较大的差距，且呈现不断拉大的趋势（见图1－1）。1990年，城镇化率比非农化率高出5.55个百分点，2007年扩大到13个百分点，2011年达到16.27个百分点。这意味着占总人口数量16.27%的2.19亿为非城镇户籍的城镇常住人口，只能被称作“半城镇化人口”。有些农民经过征地转非、入学新生农转非、小城镇转非等途径已经拥有城镇户籍，也没有真正享受到市民待遇。2011年，在北京市平谷区的调研发现，相当一部分农民由于户籍转变而身份未变，成为市民和农民夹缝中的人群，既享受不到市民待遇，也无法保持原有的各种农村权益。初步估算，这样的人口数量占平谷区农转居总人口的20%—25%。在今后较长一个时期内，中国的城镇化仍将处于快速推进时期，但相比较而言，城镇化率每年提高的幅度将会有所减慢，预计年均提高幅度将保持在0.8—1.0个百分点①，到2030年，全国城镇化率将达到65%左右（魏后凯，2010）。这意味着在今后20年内仍将有两亿多农民由农村转移到城镇就业和居住。再加上已经进入城镇但还没有完全市民化的农民，未来将有四亿多农民需要实现市民化，寻找一条农民市民化的可行路径具有重要的现实意义。

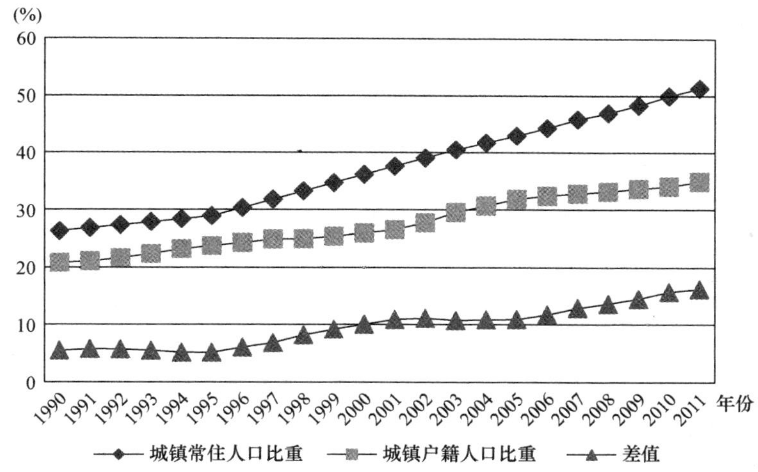

图1－1　中国城镇化率与非农化率的变动比较

资料来源：根据国家统计局《中国人口与就业统计年鉴》（各年度）绘制。

① 按照国家“十二五”规划纲要要求，“十二五”期间，全国城镇化率平均每年提高0.8个百分点；按照联合国的预测，2011—2030年，中国城镇化率平均每年提高0.98个百分点，2030年达到68.7%（联合国，2010）。

（二）农民市民化：户籍障碍？还是成本障碍？

人们一般认为，户籍门槛阻碍了农民市民化进程。近年来，户籍制度改革已经快速推进，全国许多省份都相继取消了农业户口和非农业户口性质划分，实行统一的城乡户口登记制度，然而，农民市民化问题并没有获得相应解决。如北京市在2001年就出台了《北京市农民工养老保险暂行办法》（京劳社养发〔2001〕125号），规定“用人单位应自招用农民工之月起，必须与其签订劳动合同，并为其办理参加养老保险手续”。在允许但不强制用人单位为农民工缴纳保险费的政策下，到2006年，农民工城镇养老保险参保率仅有12.2%（宗成峰，2008）。显然，户籍制度的影响作用被高估了。Zhao（1999）指出，即使没有户籍等各类人为因素的障碍，单就解决住房因素就构成了对农户家庭长期迁移的严重障碍。相对于户籍门槛而言，影响农民市民化滞后的更大障碍来自成本门槛。

现有对于农民市民化的成本因素的研究尚不多见。主要原因在于缺少一个有效估计城市化成本的方法，所需要的数据也难以获得（Richardson，1987）。刘易斯（Lewis，1972）较早探讨城市化成本问题，提出了“城市化之所以具有决定性意义是因为它是昂贵的”观点，并比较了城乡在基础设施建设以及房屋建设等方面的成本差异。林恩（Linn，1982）提出，发展中国家不断加快的城市化进程使城市化成本成为一个棘手的问题，并对发展中国家城市化的各类成本做了总括性的描述。理查森（Richardson，1987）对巴基斯坦、埃及、印度尼西亚和孟加拉国四个发展中国家城市化的成本进行了比较，提出增加国内储蓄以提高城市化成本的承受力，并通过发展劳动密集型产业来降低劳动力就业岗位创造的成本。张国胜（2008）等国内学者测算了农民市民化的社会成本，结论有较大差异。在此基础上，表1－1给出了全国农民工的市民化总成本估算值。

表 1-1　国内关于农民市民化人均成本测算及总成本估算值

研究项目	人均成本	总成本
中国科学院可持续发展研究战略组（2005）	2.5 万元	7.5 万亿元
武汉大学战略管理研究院（2006）	5 万元，其中，小城镇 2 万元；中等城市 3 万元；大城市 6 万元；特大城市 10 万元	15 万亿元
建设部调研组（2006）	5 万元，小城市 2 万元；中等城市 3 万元；大城市 6 万元；特大城市 10 万元	15 万亿元
张国胜（2008）	东部沿海第一代农民工：10 万元 东部沿海第二代农民工：9 万元 内陆地区第一代农民工：5.7 万元 内陆地区第二代农民工：4.9 万元	22.2 万亿元
莱芜市政研室（2010）	有地农户 17 万元/户，5.9 万/人 无地农户 48 万/户，16.7 万/人	33.9 万亿元
中国发展研究基金会（2010）	10 万元	30 万亿元
国务院发展研究中心课题组（2011）	8 万元	24 万亿元

注：总成本 = 人均成本 ×2 亿农民工 ×1.5（带眷系数），未考虑未来农民工规模增量因素。武汉大学人均成本估计根据国家统计局公布的外出就业去向进行加权获得，人均成本的估算结果为 5 万元。建设部调研组所列成本是市政公用设施配套费（不含运行和管理成本）。张国胜（2008）未计算总人均成本，笔者通过人均成本的简单平均得出人均市民化成本为 7.4 万元，然后按 2 亿农民工数量及 1.5 带眷系数计算得出社会总成本。莱芜总成本计算方法同上。其中，以人均承包地 0.3 亩作为区分有地农民与无地农民的标准，小于这一标准的为无地农民，主要在城中村，大于这一标准的为有地农民。再按 2.88 人/户标准换算为人均市民化成本。

数亿农民实现市民化，需要支付数十万亿计的成本。无论是农民自身，还是政府财政都无力承担（简新华、黄锟，2008）。拉美出现的贫民窟现象背后折射出的是发展中国家难以跨越市民化成本的门槛。中国属于发展中的人口大国，城镇化任务更为艰巨。农民市民化成本的测算大致包括三个方面（莱芜市政研室，

2010)：一是社会保障成本，包括养老保险、医疗保险和失业保险三项，合计为0.525万元/户。二是公共服务成本，主要包括教育、医疗、基础设施等，合计为3.024万元/户。三是住房成本，采取“拆一还二”方式，应为其支付14.95万元，再减去个人在城市居住比农村多支出1.0037万元，由此平均每户市民化需要社会支付成本17万元。对于无地农民，大致为48万元。无地农民与有地农民市民化成本的主要差异是住房的价值差别。

近年来，随着物价上涨以及生活水平和标准的提高，全国农民市民化的总成本呈现出快速上涨的趋势。如何尽快有效地解决数亿农民实现市民化的高额成本，是摆在我们面前的一个棘手问题。无论是单纯依靠政府还是农民工都是难以承受的。走新型城镇化道路，既要降低农民市民化成本总额，转变大城市主导模式；又需要建立一个长效的多元化成本分摊机制。张国胜（2008）提出了农民工市民化成本分摊的方法，由于没有脱离“政府、企业和农民工”的三维视角，难以解决市民化成本的有效承担机制问题，自然也难以给出一条农民市民化的具有可操作性的现实路径。

1. 农民工依靠工资性收入难以承担

2009年，全国外出农民工月平均收入为1417元，扣除住房和日常开销所剩无几，接近生存工资水平。以这样的工资收入来实现市民化是完全不可能的。农民工月均收入相当于城镇职工月均工资的比例从2005年的57.7%下降到2009年的52.7%，两者之间的差距呈不断扩大态势。章铮等（2009）的实证研究表明，2006年1.3亿农民工中，能够具备城镇化起码的经济能力的只有1431万人，在劳动密集型制造业和服务业工作（不含自谋职业者）的普通农民工几乎不可能在城镇定居。

2. 单纯依靠政府财政也无力支付

以北京市为例，预计到2030年北京市农民工数量将累计超过 1000 万人。[①] 仅解决社会保障问题，按每人 10 万元的平均支付水平，就需要 1 万亿元，相当于北京市连续五年的财政收入。如果每年能够投入 100 亿元，需要 100 年时间才能解决这些农民工的社会保障问题。这还不包括住房、卫生、教育、交通等各项投入。近年来，推进农民市民化已成为国家政策的基本趋向，也成为城镇化的主要难点。《中共中央关于制定国民经济和社会发展第十二个五年规划的建议》中明确提出："要把符合落户条件的农业转移人口逐步转为城镇居民作为推进城镇化的重要任务。"让有条件的农民工转为市民已引起全社会广泛关注，甚至有学者提出，让农民工在"十二五"时期成为历史（迟福林，2010）。学者愿望的落空表明，不能单纯依赖政府财政。

3. 农村集体资产还没有考虑进来

迄今为止，无论是在理论上还是在政策上都没有明确提出把农村集体资产作为克服农民市民化成本门槛障碍的重要依托。与农村劳动力转移来源地研究相关的大部分文献都是分析劳动力转移对来源地的影响（王美艳，2006），而不是来源地的特征因素对转移产生的影响。集体经济组织是以集体土地为纽带的社区性合作经济组织，对于促进农民增收，缩小城乡收入差距，实现共同富裕发挥着关键性作用。利用农村集体资产推进农民市民化实际上是发挥来源地对农村劳动力转移的影响作用。2009 年年底，全国农村集体资产总额达 1.6 万亿元，平均每个村 270 多万元。北京市村均集体资产 4020 万元，镇均 7.1 亿元。即使像山东莱芜这样的中等发展地区，村均资产 2010 年也达到了 288.3 万元。

---

① 按照 2010 年北京市外来人口 704.5 万人中 80% 为外来农民工估计，外来农民工数量为 563.6 万人。北京市统计局公布，2010 年北京市农业户籍人口为 268.3 万，按照 60% 的非农化水平估算，北京市本地农民工数量大致为 160.98 万人。由此估算，2010 年北京市农民工总数大致为 725 万人。假设未来城镇化增长速度将按照近十年年均 1.35 个百分点的增长速度进行推算，到 2030 年，北京市农民工数量将达到 947 万人。考虑到北京市是全国农民工的主要流入地之一，农民工增长速度可能会高于全国平均水平，在不考虑户籍制度变革影响因素的情况下，到 2030 年，北京市农民工数量很可能会超过 1000 万人。

除此以外，农村还有大量的农用地、宅基地、集体经营性建设用地等各类资源性资产。根据国务院发展研究中心农村经济研究部（2015）的估算，全国各类农村集体资产总值为100万亿元。这些资产的升值潜力巨大，应成为加快农民市民化进程的重要支撑。到2015年年底，中国已经有5.8万个村、4.7万个村民小组实行了集体产权改革，累计向农民股东分红近2600亿元，2015年当年就分红了411亿元。

随着中国城镇化率的进一步提高，城镇产业和功能会进一步向广大农村地区辐射和扩散，一方面，刺激农村集体资源资产的重新定价，让更多地区的农民有资可带，大幅度提高农民市民化成本的承受力；另一方面，大幅度降低市民化的成本总额，推进本土型城镇化具备了现实可能性。由此造成的综合效应势必加快农民的市民化进程。

（三）农民市民化成本影响社会转型进程的典型例证

城乡二元户籍制度背后是城镇户籍所包含的各类福利因素，这些构成了农民市民化的成本。推进农民一次性整建制农转居，资金平衡是一个至关重要的问题，主要包括农民上楼、基础设施建设、农民与市民的社保并轨、基本公共服务均等化等。以上海市与北京市农转居为例，明显可以看出市民化成本变动对转居速度的影响。1990—2011年，上海市农业户籍人口从418.9万人下降到151.6万人，年均下降5个百分点；同期，北京市农业户籍人口从392.1万人下降到258.2万人，年均下降1.9个百分点。通过观察上海市和北京市农业户籍人口占总户籍人口比重的变化情况，可以更清晰地看出市民化成本的现实影响作用。

图1－2显示，2003年之前，北京市与上海市农业户籍人口比重下降的趋势比较接近，几乎呈两条平行线，2003年之后，上海市农业户籍人口比重陡然下降，农转居进程明显快于北京市。

图1－3显示，到2003年，上海市农业户籍人口减少的环比速度快速提升，是北京市的6倍。其原因主要是该年配合“三集

中”，上海市出台了成本介于城保和农保之间的镇保政策，使农转居社保成本下降了50%。以闵行区为例，2011年，农保、镇保与城保月领取养老金数量分别为420元、779元（征地人员镇保为1130元）、1535元，大致呈现1:2:4的比例关系。

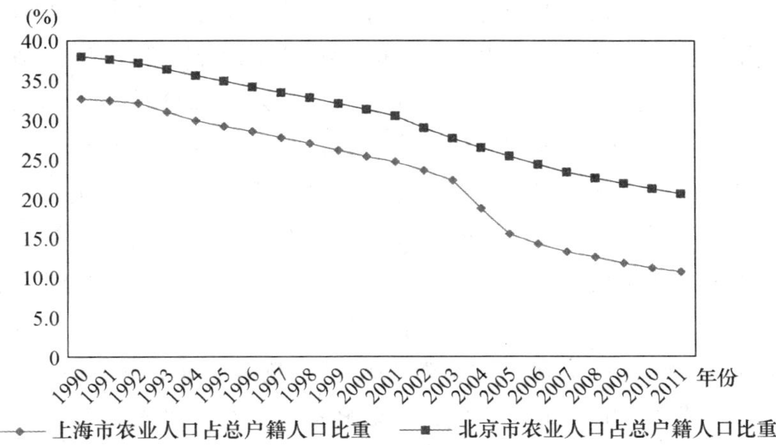

图1－2　北京市与上海市农业户籍人口比重的变化比较

资料来源：根据《北京统计年鉴（2012）》和《上海统计年鉴（2012）》数据整理。

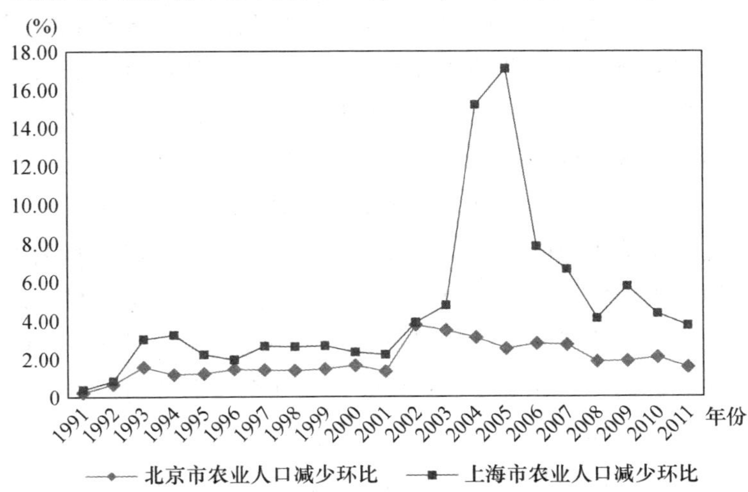

图1－3　北京市与上海市农业户籍人口环比下降速度比较

资料来源：根据《北京统计年鉴（2012）》和《上海统计年鉴（2012）》数据整理。

（四）本土型城镇化的“最高成本”：北京市整建制农转居

整建制转居与特大城市郊区的两个特点，决定了北京市郊区农转居基本上可以看作全国农转居成本水平的最高值。过去，面对高昂的城镇化成本，政府往往采取了一种折中的方式，类似上海实行了介于农民保障与城镇保障中间水平的镇保，北京采取了部分转居的方式。自2004年颁布148号令以来，采取按征地比例测算转居指标方式[①]推进农转居，农民只能部分转居，制约了转居速度，并带来了一系列社会问题。如部分农民留在村里安置将增加集体经济组织负担；部分农转居，谁去谁留难以确定，因扯皮僵持而无法实施[②]；同村居民，身份、权益不同，可能会长期存在种种矛盾，影响稳定。2002年，石景山区完成整建制农转居，成为北京市第五个没有农业户籍人口的区。之后，北京市政府又出台了一系列关于整建制转居的政策，如2004年在通州区永顺镇试行的《北京市整建制农转居人员参加社会保险试行办法》和《关于城乡结合部地区50个重点村整建制农转居有关工作的意见》（京政发〔2011〕55号）等。问题的关键是要评估能否承受整建制农转居的成本压力。考虑到区位差异对农转居成本的重要影响，分为两类代表性地区分别测算整建制转居人均成本，然后按照不同区域人口比重加权，得出全市农民一次性整建制转居的总成本。

1. 集中城镇化地区的农民市民化成本测算

集中城镇化地区一般是指城市周边进入规划建成区范围内或城镇边缘组团的地区。以2010年城乡接合部50个重点村改造建设为例测算人均成本。社会结构转型不仅要解决人的转居问题，还要完成拆迁、回迁安置、绿化建设、社会管理等村庄的改造任

---

① 按照北京市148号令第十九条规定：“应当转为非农业户口的农村村民数量，按照被征用的土地数量除以征地前被征地农村集体经济组织或者该村人均土地数量计算。”

② 北京市征地农转居自2004年实施148号令至2010年年末应转未转指标128967人，占批准农转居指标的230082人的56%，表明政策可操作性亟待提高。

务，由此构成了该地区农民市民化的两个主要成本。

从重点村建设的成本费用角度分析，50 个重点村建设共需资金约 2016 亿元（见图 1－4）。

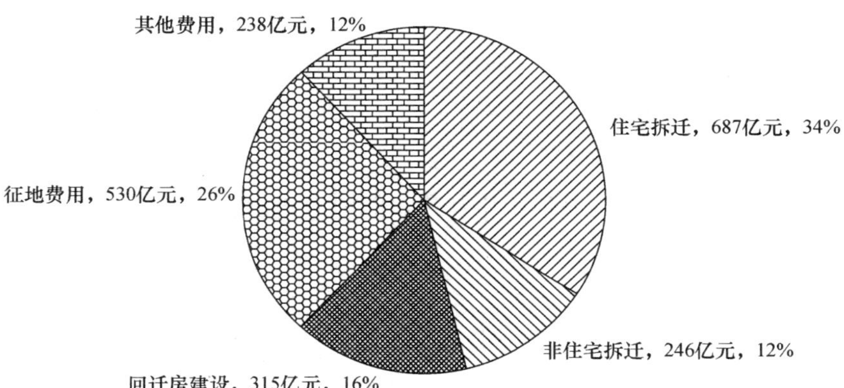

图 1－4　北京市城乡接合部 50 个重点村建设成本费用情况

资料来源：北京市城乡结合部建设领导小组办公室相关总结材料，2012 年。

改造建设费用主要包括两大部分："拆" ＋ "建" 的费用。据统计，重点村住宅拆迁人均安置住房面积与本村原来执行的标准保持一致，平均在 50 平方米左右，不含人均 50 平方米的回迁房价款，人均拆迁建设费用实际为 27.1 万元，如图 1－5 所示。

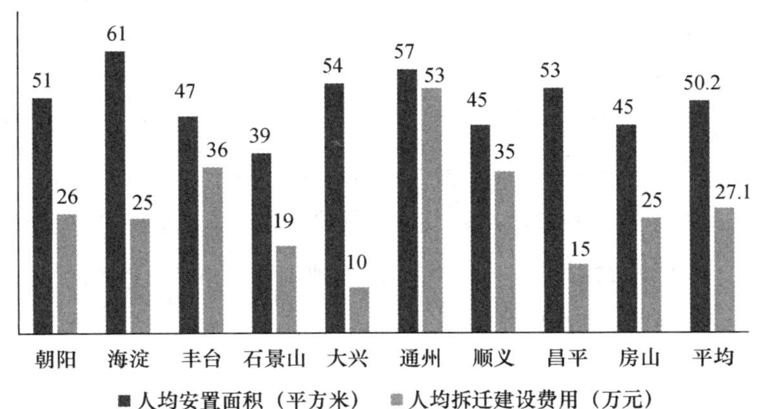

图 1－5　城乡接合部重点村拆迁人均安置面积及费用统计

资料来源：北京市城乡结合部建设领导小组办公室相关总结材料，2012 年。

人员安置的费用。50 个重点村建设范围涉及农业户籍人口 100313 人，按照 148 号令以征地面积占村域总面积比重为标准测算转居人数，应转居 31999 人，转居费用约 96 亿元。50 个重点村实行整建制转居，转居费用增加到约 262 亿元，增加费用 166 亿元。由于此前历史遗留已经转居但未加入城保 28313 人，此次一并解决，需要费用 45.3 亿元。因此，此次重点村建设纳入城保人数共计 128626 人，总费用 307.3 亿元，共增加成本 211.3 亿元，合计人均 23.9 万元，如图 1－6 所示。

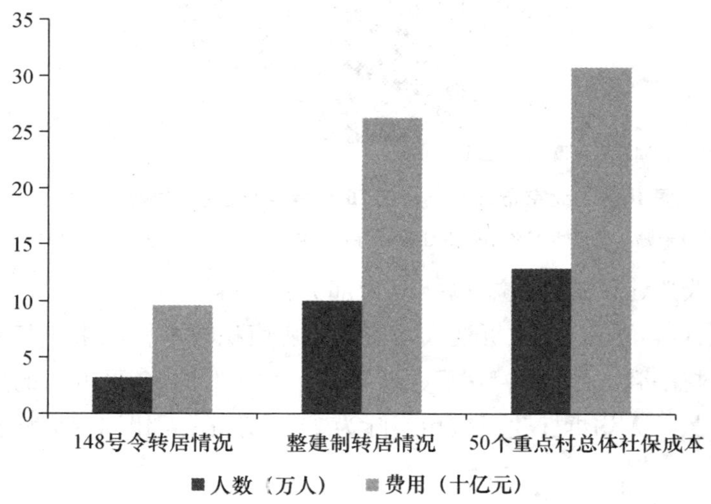

图 1－6　北京市城乡接合部 50 个重点村农转居社保费用情况

资料来源：北京市城乡结合部建设领导小组办公室相关总结材料，2012 年。

建设与社保两项人均费用支出合计为 51.2 万元（27.1 万元＋23.9 万元＝51 万元）。为实现重点村地区农业户籍人口融入城市，实现社会保障、住房和社会管理上享受市民待遇，人均需支出约 50 万元的市民化成本。

2. 非集中城市化地区的农民市民化成本测算

非集中城市化地区主要是在城市远郊的平原或山区地区，属于城镇规划建成区外范围。这类地区的整建制农转居大多依靠项目开发带动小城镇建设或新农村社区改造而就地实现市民化，住房可以依靠宅基地产权置换，仅需支付建安成本，社会保障城乡接轨往往成为农民市民化的主要障碍。平谷区马坊镇没有按照148号令“征多少地转多少人”的方式，而是采用整建制农转居的方式，加快了农民市民化进程。

平谷区马坊镇位于平原地区，是北京市42个重点小城镇，也是国家级小城镇。为加快城镇化进程，探索小城镇建设的新思路，盘活多年来由于部分转居方式导致的沉淀安置补助费，减少社会矛盾，区人力社保局与马坊镇政府在对蒋里庄等七个村多次调研的基础上，认为在政策支持、转非指标、资金存量、现有土地存量、预期资金收入等方面具备了整建制转居条件，于是对蒋里庄、塔寺、打铁庄、小屯、梨羊、二条街和西大街七个村实施了整建制转居。七个村共有安置补助费29571万元，占地转非指标1729个，而安置补助费覆盖集体经济组织成员达4600余人。为打破占地转非指标限制，按照“低标准均等化”的普惠制原则，利用安置补助费为村民缴纳社保，实施整建制转居工作。

转居村补缴社保标准统一按2009年12月的缴费基数2236元进行补缴、趸缴，即趸缴15年社会保险费需11.26万元，而按2011年转居时标准趸缴15年社会保险费需12.7万元，每人可节省14400元。共解冻安置补助资金29571万元，4600余人通过转居后享受城镇社保待遇（见表1－2）。同时，积极推进灵活就业申办补贴工作和公益性就业组织托底安置办法。为解决马坊镇失地农民的就业问题，马坊镇依托公益性就业组织，把打铁庄、梨羊和小屯三个拆迁村就业困难人员陆续安置到回迁楼的社区公共设施岗位上。

通过上面分析，人均社保支出大约6.27万元。住房建设方面，按人均50平方米上楼，建筑成本2000元/平方米，拆迁成本500元/平方米，共计12.5万元。合计非集中城市化地区市民化成本为6.27＋12.5＝18.77万元。考虑到公共服务支出等未计入项，平均成本大约在20万元/人。

表 1－2　　马坊镇农转居情况汇总　　单位：万元、人

序号(1)	村名(2)	安置补助费金额（3）	享受人数(4)	正常缴费人数(5)	趸缴人数(6)	补缴人数(7)	领 500 人数(8)	死亡数(9)	退休人数(10)
1	蒋里庄	5651.8199	710	282	143	96	152	38	48
2	塔寺	2056.4817	346	75	44	116	94	17	19
3	西大街	4083.1031	920	409	48	148	244	71	19
4	二条街	4209.458	788	294	292	60	103	39	21
5	小屯	6007.7	886	413	163	110	189	11	
6	梨羊	2108.29	382	136	132	1	108	5	5
7	打铁庄	5454.7	569	209	206	3	139	12	
合计		29571.5527	4601	1818	1028	534	1040	193	112

注：（4）＝（5）＋（6）＋（7）＋（8）＋（9）。该表主要涉及农民市民化过程中的社会保障部分，其他支出未在该表中列出。需要结合其他数据进行加总计算。项目（8）主要是超龄转居人员。

资料来源：北京市平谷区马坊镇社保科。

这与处于全国中等发展水平的山东省莱芜市市委研究室计算的农民市民化成本口径比较接近，基本上反映了远郊地区农民整建制转居要发生的实际成本。但与莱芜无地农民（建成区内）的 16 万元/人与有地农民（建成区外）6 万元/人的计算结果相比，仍高出一定幅度。主要原因：一是选择地区的差别，北京市远郊地区的城镇化进程仍明显快于山东省莱芜市，地价差异较大，土地拆迁建设费用更高。二是莱芜市计算项目中未包含一次性补缴养老金支出，而只是分年度计算。如果按北京市平谷区的社保缴纳水平，山东省莱芜市的农民市民化成本大致在 12 万—22 万元（6＋6 万—16＋6 万元）的区间。山东省莱芜市城镇化水平在全国处于平均水平，其市民化成本具有一定的全国代表性。过去多数对于农民市民化成本的测算存在明显低估的问题（见表 1－1）。如国务院发展研究中心课题组（2011）测算农民工市民化为 8 万元/人，低估了 4 万—14 万元，相比北京市 20 万

—50 万/人的测算标准，低估了 12 万—42 万元。考虑到北京市与山东省莱芜市测算方法中，均未把农民工随迁子女教育成本、城市管理等费用纳入进来，相关研究对市民化成本的低估程度会更加严重。

3. 北京市农民一次性整建制转居成本

根据北京市统计局 2011 年数据，在城市功能拓展区的农业户籍人口为 34.9 万人，这部分地区属于集中城市化地区，按 50 万元/人标准（不含农民回迁房价款）计算，共计需要 1745 亿元；在城市发展新区和生态涵养发展区的农业户籍人口分别为 146.4 万人和 82.9 万人，共计 229.3 万人，这部分地区属于非集中城市化地区，按 20 万元/人口径计算，共计需要 4586 亿元。全市 264.2 万农业户籍人员转居，合计支付市民化成本 6331 亿元。考虑到在农民整建制转居过程中，还需要公共服务设施投入、部分农民的补偿回迁房价款、转型机会成本（拆迁造成的收入来源暂时终止）等各类额外支出及各类不确定性支出，假设需要另外支出 15 万元/人，还需要支出市民化成本 264.2 × 15 = 3963 亿元。两项合计，全市农民整建制一次性转居总成本为 6331 + 3963 = 10294 亿元。如果只计算社会保障成本，按集中城市化地区 23.9 万元/人和非集中城市地区 6.27 万元/人的标准，两类地区成本合计为 2271.8 亿元（34.9 × 23.9 + 229.3 × 6.27）。

4. 政府财政无力担负农民一次性整建制转居成本

2012 年，北京市地方公共财政预算收入 3314.9 亿元。如果政府财政只负担社保部分，这意味着各级财政至少需要筹措 2271.8 亿元资金，才能启动全市农民的一次性整建制转居。这些社保成本占了 2012 年财政预算收入的 68.5%，现有财力无法支撑农民的一次性整建制转居。要支付 10294 亿元的农业户籍人口的市民化总成本则更加杯水车薪，需要探索多元化分担机制，分批次推进农民整建制转居工作。要根据具体的现实条件，确定整建制转居的区域范围，可以考虑发挥乡镇统筹职能，有计划地推进以一个村到多个村再到一个镇为单位的整建制农转居。

二　让农民“带资进城”

随着集体土地资源的不断升值，多数人认为，农民不愿意转居。但是，根据对北京市郊区转居农民的问卷调查，发现大多数没有对转居明显表示不满意或满意（陈雪原、孙梦洁，2017）。在样本农转居家庭中，认为权益情况变得“更好”的占20%，回答变得“更差”的占13%，回答“差不多”的占61%，其余为“不清楚”。研究发现，让农民“带资进城”是提高农转居满意度的重要因素。

（一）数据说明

本书所用数据来自北京市农村经济研究中心于2013年组织40名“北京市农村改革与发展观察员”① 在北京市13个区县、26个乡镇、40个样本村进行的实地调查。通过分层随机抽样法，发放农户家庭调查问卷600份，农转居家庭调查问卷600份，共计回收有效问卷1090份。问卷调查涉及多个主题，包括被访者的基本情况、家庭经济、土地财产收入、农村集体产权制度改革、公共服务和社会保障、民主政治权利以及财政支持需求等。本书将转居满意度作为因变量，即农转居家庭对转居后的生活质量评价，分为“比转居前更差”“与转居前差不多”和“比转居前更好”三类。

（二）描述性统计分析

由于变量较多，本书仅报告样本地区转居家庭和农户家庭关键变量的分组方式和描述性统计分析的结果，如表1-3所示。

---

① 由北京市农研中心与北京市人力社保局合作建立，主体是由北京郊区218个村的大学生村官组成。

表1-3　转居家庭和农户家庭相关变量的描述性统计分析

变量	总体（%）	转居家庭（%）	农业家庭（%）	变量	总体（%）	转居家庭（%）	农户家庭（%）
性别（%）				是否贫困户（%）			
0：男性	62.11	60.55	63.67	0：否	98.16	97.98	98.35
1：女性	37.89	39.45	36.33	1：是	1.84	2.02	1.65
年龄（%）				主要拥有股份（%）			
1：0—30岁以下	24.68	43.30	6.06	户籍股	37.80	36.70	38.90
2：31—45岁	25.69	19.82	31.56	劳龄股	33.30	35.41	31.18
3：45—60岁	35.96	26.42	45.50	土地经营权股	16.70	16.15	17.25
4：60岁以上	13.67	10.46	16.88	独生子女股	3.49	6.06	0.92
受教育年限（%）				现金股	8.71	5.69	11.74
1：小学及以下	9.45	5.32	13.58	最需要的财政政策（%）			
2：初中	33.63	21.10	46.06	医疗补助	46.61	45.32	47.89
3：高中	28.17	31.01	25.32	养老补助	38.99	37.61	40.37
4：大专及以上	28.81	42.57	15.05	种养殖业补助	3.67	1.83	5.50
家庭规模（人）	3.01人	2.99人	3.16人	就业培训	8.44	14.13	2.75
居住地（%）				农业技能培训	2.30	1.10	3.49
1：城区	12.66	12.29	0.55	财政支农满意度（%）			
2：小城镇镇区		12.48		满意	60.37	57.25	63.48
3：新农村社区	87.34	14.68	99.45	一般	34.68	38.35	31.01
4：自然村落		60.55		不满意	4.95	4.40	5.50
家庭人均纯收入（%）				就业培训需求（%）			
1：0—5000元	15.97	12.11	19.82	农业技能	32.94	23.49	42.39
2：5000—8000元	17.98	14.68	21.28	企业上岗培训	25.97	34.68	17.25
3：8000—16000元	44.13	43.67	44.59	经商能力	15.14	19.27	11.01
4：16000元以上	21.93	29.54	14.31	服务业	10.18	8.62	11.74
				教育培训	7.80	8.26	7.34
参加新农合人数	2.55人	1.20人	2.70人	参加城乡居民养老保险的人数	1.30人	1.00人	1.59人
参加城镇职工基本医疗保险的人数	0.70人	1.10人	0.30人	参加城乡职工基本养老保险的人数	0.55人	0.90人	0.20人

从被访者的个人情况来看，转居家庭和农户家庭的被访者性别均为男性占多数。转居家庭的被访者大多为 30 岁以下，占 43.30%。农户家庭的被访者大多为 45—60 岁，占 45.50%，30 岁及以下的占 6.06%。这表明转居家庭的青壮年在本地工作的比例远大于农户家庭。转居家庭的被访者受教育水平也明显高于农户家庭，前者完成高中及以上教育的比例为 73.58%，而后者为 40.35%。

从家庭经济条件来看，转居家庭的人均收入水平明显高于农户家庭。农户家庭的人均纯收入处于最低组和次低组的比例明显高于转居家庭，处于最高组的比例则远低于转居家庭。从转居前后收入来源的变化情况来看，转居后以工资性收入作为主要收入来源的家庭比例大幅增加。

从社会保障情况来看，农户家庭户均参加新农合和城乡居民养老保险的人数要高于农转居家庭。农转居家庭参加城镇职工基本医疗保险和城乡职工基本养老保险的人数要高于农户家庭。农户家庭年均缴纳医疗保险费、养老保险费均低于转居家庭。

从拥有集体经济组织股份情况来看，对农户家庭和农转居家庭而言，最主要的股份均为户籍股和劳龄股。

从公共服务与社区环境来看，有 55.2% 的家庭认为转居后最大的困难是住房和就业问题。大部分被访者表示对现在的生活社区环境感到满意。

（三）实证结果及分析

表 1 -4 给出了采用多项 Logit 模型分析居民对转居效用评价的估计结果①，并给出了相对风险比率（Relative Risk Ratios，RRR 值②）。结果显示，显著影响农转居家庭满意度评价的因素

① 由表 1 -4 的回归结果可知，多项 Logit 模型估计结果的联合显著性通过了 LR 检验。

② 相对风险比表示自变量变化一个单位时，选择项发生与对照组发生之间的相对比率。

表 1－4　家庭对转居效用评价的多项 Logit 模型回归结果（参照组：比转居前更差）

变量		与转居前差异不大			比转居前更好		
		系数	RRR 值	标准差	系数	RRR 值	标准差
性别	女性						
	男性	0.213	1.237	0.374	0.490	1.632	0.436
年龄	0—30 岁						
	31—45 岁	-0.172	0.842	0.517	-0.001	0.999	0.630
	45—60 岁	0.269	1.309	0.662	0.132	1.141	0.783
	60 岁以上	0.498	1.646	0.974	-0.047	0.954	1.129
受教育年限	（小学及以下）						
	初中	0.488	1.630	1.074	-0.031	0.970	1.233
	高中	0.339	1.404	1.100	-0.591	0.554	1.286
	大专及以上	0.217	1.243	1.137	-0.631	0.532	1.328
家庭规模		0.041	1.042	0.208	-0.012	0.998	0.253
居住地	（城市地区）						
	小城镇镇区	0.763	2.146	1.062	0.205	1.227	1.190
	新农村社区	-0.637	0.529	0.863	-0.311	0.732	0.994
	自然村落	-1.401 **	0.246	0.705	-1.817 **	0.162	0.794

续表

变量		与转居前差异不大			比转居前更好		
		系数	RRR 值	标准差	系 数	RRR 值	标准差
家庭人均纯收入	（最低组）						
	次低组	1.748 **	5.745	0.748	2.759 ****	15.780	0.900
	次高组	1.014 *	2.758	0.575	1.221	3.391	0.749
	最高组	0.589	1.798	0.647	1.923 **	6.844	0.800
享受城乡低保补助（未享受）		16.371	12.907	1.189	18.450 ****	10.308	1.265
参加新农合人数		-0.121	0.886	0.228	-0.091	0.913	0.298
参加城镇职工基本医疗保险的人数		-0.203	0.816	0.330	-0.362	0.696	0.399
参加城乡居民养老保险的人数		0.496 **	1.643	0.245	0.423	1.526	0.308
参加城镇职工基本养老保险的人数		0.118	1.125	0.320	0.764 **	2.148	0.389
转居渠道	（征地转居）						
	大中专入学转居	-0.999	0.368	0.961	-2.134 **	0.118	1.090
	小城镇建设转居	-2.299 *	0.100	1.201	-4.746 ****	0.913	1.575
	招工招干转居	1.396	4.037	1.411	0.249	1.283	1.509
	投靠亲属转居	-2.627 **	0.721	1.087	-1.952	0.142	1.187
	投资购房转居	-4.719 ****	0.910	1.306	-4.996 ****	0.713	1.551
	其他渠道转居	-0.441	0.643	1.141	-1.491	0.225	1.282
转居时间（产权制度改革之前）		-0.430	0.650	0.442	-0.488	0.614	0.516

续表

变量		与转居前差异不大			比转居前更好		
		系数	RRR 值	标准差	系 数	RRR 值	标准差
目前拥有耕地		0.505	1.657	0.467	0.021	1.021	0.568
目前拥有林地		0.285	1.330	1.084	0.728	2.071	1.312
拥有土地承包经营权		0.585	1.795	0.607	-0.711	0.491	0.719
拥有宅基地申请权		20.901 ****	11.909	0.608	20.394 ****	71.908	1.704
原集体资产处置方式	（一次性兑现）						
	转为新型集体经济债务	-0.064	0.938	1.064	0.273	1.315	1.313
	作为股份持有	-0.326	0.721	0.759	0.237	1.267	0.843
	其他	-0.939	0.391	0.657	-1.118	0.327	0.739
主要拥有股份	（户籍股）						
	劳龄股	0.294	1.342	0.489	-0.407	0.666	0.583
	土地承包经营权股	-0.808	0.446	0.617	-1.026	0.359	0.745
	独生子女股	-2.842 ****	0.058	0.706	-2.368 ****	0.094	0.841
	现金股	0.189	1.209	0.907	-0.147	0.866	1.133
最需要的财政政策	（医疗补助）						
	养老补助	0.865 **	2.374	0.425	1.005 **	2.731	0.499
	种养殖业补助	-2.037 **	0.130	0.990	-2.210	0.110	1.509
	就业培训	0.241	1.273	0.570	-0.046	0.955	0.698
	农业技能培训	20.015 ****	49.308	1.020	20.638	9.181	1.376

续表

变量		与转居前差异不大			比转居前更好		
		系数	RRR 值	标准差	系 数	RRR 值	标准差
公共场所满意度	（很满意）						
	满意	0.225	1.253	0.878	0.185	1.203	0.966
	一般	-0.405	0.667	0.896	-1.872	0.154	1.024
	不满意	-0.800	0.449	1.092	-3.915	0.020	1.600
	很不满意	-3.300 **	0.037	1.559	-35.871	0.000	3.946
邻居间关系的变化	（变好）						
	差不多	0.764	2.147	0.557	0.904	2.469	0.678
	更差	-0.673	0.510	0.746	-0.037	0.963	0.921
家庭成员间关系的变化	（变好）						
	差不多	0.721	2.056	0.540	-0.233	0.792	0.630
	更差	0.339	1.404	1.069	-0.852	0.426	1.371
常数项		2.495		1.953	4.286		2.249
样本量		545					
对数似然值		-296.2947					
LR 检验		343.59					

注：****、***、** 和 * 分别代表变量在 0.5%、1%、5% 和 10% 的水平上显著。

包括是否仍有宅基地申请权、集体股权、家庭经济收入水平等级、是否城乡低保户、居住地区城市化水平、社会保障状况、转居渠道、对公共生活场所满意度等。将各类影响因素进一步归并，主要集中在资产处置方式、收入水平和公共服务水平三个方面。

1. 资产处置方式

土地权益。转居后仍然拥有宅基地申请权的农转居家庭，相比没有宅基地申请权的农转居家庭更倾向于回答“更好”，认为转居后的生活“比之前更好”的概率是“比之前更差”的71.9倍，显著程度达到0.5%。转居后仍然拥有耕地的家庭，回答“差不多”和“更好”的比例合计为89.5%。而转居后没有耕地的家庭为85.8%。转居后仍然拥有林地的家庭，回答“差不多”和“更好”的比例合计为92.3%，转居后没有林地的家庭则为86.5%。让农民拥有一个永久性的利益依托，是影响市民化质量的重要因素。

股份权益。改制过程中，回答转居后“差不多”的农转居家庭对自己在原集体的积累性资产更倾向于一次性兑现，回答转居后“更好”的家庭则更倾向于转化为集体债务或作为股份持有。在股权结构方面，回答转居后“更好”的农转居家庭中，更倾向于拥有户籍股，即与集体土地相联系的股权权益。让农民带着股权进城有利于提高农转居的满意度。

2. 收入水平

收入水平处于两端的家庭倾向于认为转居后的生活水平有所改善。相对于最低收入组，其他收入组倾向于转居后满意度评价为“差不多”或“更好”，家庭人均收入水平较高的家庭倾向于对转居后的生活做出积极评价，并在统计上显著。结合描述性统计结果可知，农转居家庭中有40%已经进入城区、小城镇社区或新农村社区，离开自然村落后，水、电、气、暖等各类生活开支迅速增加，如果没有稳定的收入来源，会造成一定的生活压力。

3. 公共服务水平

社会保障。通过“征占地转居”和“招工招干转居”的家庭，一般拥有较好的社会保障水平，倾向于对转居做出积极评价。2004 年，北京市颁布 148 号令以来，坚持“逢征地必转居，逢转居必社保”的政策，大幅度提高了征地转居农户的社会保障水平。除招工招干转居外，其他几类转居方式相对征占地转居方式都不倾向做出“更好”或“差不多”的选择。随着家庭中参加城镇职工基本养老保险人数增加，农转居家庭倾向于对转居做出积极的评价，并在统计上显著。相对于选择更需要医疗补贴的农转居家庭，更需要养老补贴的农转居家庭更倾向于对转居做出积极评价。农民市民化过程中，解决好医疗保险的重要程度更甚于养老保险。相对于未能享受到城乡低保的农转居家庭，享受到的农转居家庭做出正面评价的倾向明显增强，是前者的 12.9 倍。

生活地区的城市化水平。生活在小城镇社区的家庭比生活在城区的家庭更倾向于做出积极评价。按照偏好程度排序，分别是小城镇社区、城市社区、新农村社区和自然村落。让农民就地就近转居，并完成旧村改造，是城镇化的首选路径。

公共设施。对公共活动场所不满意的家庭倾向于对转居后做出负面评价，体现了绿地、公园等配套公共设施对转居满意度评价的重要影响。

三　打破村庄贫富固化格局

按照威廉姆森倒“U”形理论，在市场经济条件下，资源要素受报酬递减规律的影响，会自动从发达地区向不发达地区进行转移，地区之间差距会由扩大逐渐转向缩小，进入区域均衡发展状态。然而，在城乡二元结构体制及传统农村集体所有制形成的双重市场分割条件下，村庄之间的发展差距并没有看到自然缩小的趋势。以北京市为例，2015 年，全市资不抵债的村集体有 311

个，占村集体总数的 7.8%；收不抵支的达到 1717 个，占 43.3%。基于对北京市郊区 40 个村庄（见表 1－5）自 1978—2014 年的实证分析及未来 10 年的预测结果，发现村庄经济发展水平经过分化后，出现“高、中、低”三个层级的固化趋势，形成“俱乐部收敛”。30 多年的“村自为战”的体制在整体发展上已经表现出明显的局限性，打破村庄发展的相对固化格局，解决农村内部发展不均衡问题，成为一个紧迫而客观的要求。

表 1－5　　40 个样本村编码

村庄	八角	太平庄	车耳营	岔道	小鲁庄	小丰营	窦店	南街	四马台	涧沟
编号	1	2	3	4	5	6	7	8	9	10
村庄	爨底下	大峪	西赵各庄	稷山营	吴雄寺	安乐庄	东大街	西水峪	东帽湾	三合庄
编号	11	12	13	14	15	16	17	18	19	20
村庄	西辛峰	麻峪房	雕窝	和平街	西樊各庄	蔡家洼	庄禾屯	娄子峪	狼垡二	黎明
编号	21	22	23	24	25	26	27	28	29	30
村庄	四各庄	西黄垡	草桥	南宫	大稿	西总屯	草厂	仇庄	高碑店	十里河
编号	31	32	33	34	35	36	37	38	39	40

（一）样本选取

主要采用分层抽样方法，先把 14 个郊区县全部纳入，然后，在各区县内部进行非随机抽样，村庄样本由区县自主选择，区县之间数量相对一致。从而使村庄样本相对均衡地分布在城乡接合部、平原和山区的三类地区。处于城乡接合部地区的村庄 12 个，占总调研村庄数量的 30%；处于远郊平原地区的 17 个，占 42.5%；处于山区的 11 个，占 27.5%。

（二）村集体经济分化在多个层面上展开

通过选取关键性指标，对 40 个村庄 1978—2014 年调查数据进行实证分析，可以观察村集体经济分化演变趋势及其主要特征（见表 1－6）。

表 1－6　各村庄人均集体净资产相对值排序情况

村庄	类型	1978 年相对值	村庄	类型	1988 年相对值	村庄	类型	1998 年相对值	村庄	类型	2006 年相对值	村庄	类型	2014 年相对值
上等村			上等村			上等村			上等村			上等村		
西黄垡	2	4.94	八角	1	12.71	八角	1	7.83	大稿	2	5.63	太平庄	1	9.18
狼垡二	1	3.89	太平庄	1	5.68	东大街	1	5.35	十里河	1	5.04	大峪	1	5.00
庄禾屯	2	3.49	草厂	2	1.63	太平庄	1	5.02	西总屯	1	3.74	八角	1	4.35
八角	1	2.05	上中等村			十里河	1	3.24	八角	1	3.65	西总屯	1	3.96
和平街	1	2.05	高碑店	1	1.39	和平街	1	2.97	太平庄	1	3.36	车耳营	2	3.75
稷山营	2	2.04	岔道	3	1.27	大稿	2	2.09	草桥	1	3.31	草桥	1	2.81
岔道	3	2.04	西黄垡	2	1.19	草桥	1	2	南宫	2	2.08	高碑店	1	1.83
大峪	1	1.8	庄禾屯	2	1.16	高碑店	1	1.96	上中等村			上中等村		
雕窝	3	1.54	稷山营	2	1.07	南宫	2	1.76	三合庄	1	1.39	窦店	2	1.03
上中等村			草桥	1	1.03	上中等村			高碑店	1	1.34	下中等村		
高碑店	1	1.5	下中等村			南街	1	1.14	和平街	1	1.25	南宫	2	0.85
十里河	1	1.43	狼垡二	1	1	下中等村			小鲁庄	3	1.05	三合庄	1	0.58
南街	1	1.22	和平街	1	0.91	大峪	1	0.77	吴雄寺	2	1.04	大稿	2	0.56
西赵各庄	2	1.21	三合庄	1	0.88	窦店	2	0.52	下中等村			十里河	1	0.56

续表

村庄	类型	1978年相对值	村庄	类型	1988年相对值	村庄	类型	1998年相对值	村庄	类型	2006年相对值	村庄	类型	2014年相对值
四马台	3	1.14	窦店	2	0.85	岔道	3	0.52	大峪	1	0.98	黎明	2	0.55
西樊各庄	2	1.1	东帽湾	3	0.85	下等村			四马台	3	0.93	蔡家洼	2	0.52
下中等村			大峪	1	0.79	车耳营	2	0.5	车耳营	2	0.7	狼垡二	1	0.51
太平庄	1	1	十里河	1	0.73	庄禾屯	2	0.45	窦店	2	0.63	下等村		
安乐庄	2	0.78	南宫	2	0.62	西辛峰	2	0.42	爨底下	3	0.54	东大街	1	0.47
草桥	1	0.73	小丰营	3	0.53	四马台	3	0.42	下等村			南街	1	0.45
窦店	2	0.72	四马台	3	0.51	西总屯	1	0.4	南街	1	0.48	爨底下	3	0.36
草厂	2	0.62	下等村			三合庄	1	0.35	安乐庄	2	0.32	岔道	3	0.35
黎明	2	0.6	西总屯	1	0.46	草厂	2	0.3	岔道	3	0.29	涧沟	3	0.32
南宫	2	0.53	安乐庄	2	0.4	东帽湾	3	0.27	西辛峰	2	0.29	小鲁庄	3	0.28
	下等村		南街	1	0.39	狼垡二	1	0.25	涧沟	3	0.24	和平街	1	0.27
四各庄	2	0.49	东大街	1	0.39	西赵各庄	2	0.24	西赵各庄	2	0.22	吴雄寺	2	0.24
小鲁庄	3	0.4	蔡家洼	2	0.38	西黄垡	2	0.19	蔡家洼	2	0.2	四马台	3	0.20
车耳营	2	0.35	爨底下	3	0.35	吴雄寺	2	0.18	东大街	1	0.18	西赵各庄	2	0.17
小丰营	3	0.34	西赵各庄	2	0.32	爨底下	3	0.17	庄禾屯	2	0.16	雕窝	3	0.17

续表

村庄	类型	1978 年相对值	村庄	类型	1988 年相对值	村庄	类型	1998 年相对值	村庄	类型	2006 年相对值	村庄	类型	2014 年相对值
麻峪房	3	0.33	西樊各庄	2	0.29	小丰营	3	0.13	稷山营	2	0.12	安乐庄	2	0.13
大稿	2	0.28	雕窝	3	0.27	稽山营	2	0.12	狼垡二	1	0.11	西黄垡	2	0.12
吴雄寺	2	0.26	仇庄	2	0.26	仇庄	2	0.1	麻峪房	3	0.11	西辛峰	2	0.10
涧沟	3	0.24	大稿	2	0.24	安乐庄	2	0.08	黎明	2	0.11	稷山营	2	0.06
东大街	1	0.22	黎明	2	0.21	西水峪	3	0.05	小丰营	3	0.09	小丰营	3	0.05
爨底下	3	0.21	西辛峰	2	0.21	涧沟	3	0.04	西黄垡	2	0.09	娄子峪	3	0.05
蔡家洼	2	0.21	西水峪	3	0.2	蔡家洼	2	0.04	雕窝	3	0.07	庄禾屯	2	0.05
西总屯	1	0.14	涧沟	3	0.17	西樊各庄	2	0.04	东帽湾	3	0.06	仇庄	2	0.05
仇庄	2	0.13	娄子峪	3	0.16	雕窝	3	0.02	西水峪	3	0.05	四各庄	2	0.03
三合庄	1	0.11	麻峪房	3	0.15	娄子峪	3	0.02	草厂	2	0.05	草厂	2	0.03
西水峪	3	0.1	车耳营	2	0.15	黎明	2	0.02	仇庄	2	0.03	西樊各庄	2	0.02
东帽湾	3	0.08	四各庄	2	0.09	麻峪房	3	0.02	四各庄	2	0.02	麻峪房	3	0.01
娄子峪	3	0.08	小鲁庄	3	0.08	小鲁庄	3	0.01	娄子峪	3	0.02	东帽湾	3	0.01
西辛峰	2	0.01	吴雄寺	2	0.03	四各庄	2	0.01	西樊各庄	2	0.01	西水峪	3	-0.01

注：类型中“1”“2”“3”分别代表城乡接合部地区、平原地区和山区地区。

村集体净资产，是反映一个村庄的集体经济发展水平的综合性指标，集中反映了村集体经济发展的可持续性。通过观察 40 个村人均集体净资产相对水平的纵向对比，可以提炼出村集体经济发展差距的总体特征。分别以 1978 年、1988 年、1998 年、2006 年和 2014 年 40 个村的人均集体净资产平均值为 1，其他村通过与平均值比值测算出各年度的相对值，并按由高到低的顺序进行排序和等级划分。相对水平值在 1.5 以上的为“上等村”，相对水平在 1—1.5 的为“上中等村”，相对水平值在 0.5—1 的为“下中等村”，相对水平值在 0.5 以下的为“下等村”。

1. 总体上呈现两极分化态势

通过排列对比发现，下等村数量持续增多，上等村的变动趋势不十分明显，中等收入组（包括上中等和下中等两组）的村庄数量明显减少。这表明，村庄间人均集体净资产总体上存在两极分化。1998 年，中等村庄仅有 4 个，即相对值处于 0.5—1.5 的村庄仅占 10%，这意味着 90% 的村庄要么属于特别富裕的村，要么属于特别穷的村。实际上，下等村共计 28 个，已经占总村数的 70%。

2. 富村多数在城乡接合部，穷村集中在平原和山区

2014 年，城乡接合部地区的村处于上等村的有 6 个，占上等村数量的 85.7%，占城乡接合部类型村的 54.5%。平原地区处于下等村的有 11 个，占下等村的 44.0%，占平原类型村的 64.7%。山区地区处于下等村的有 11 个，占下等村的 44.0%，占山区类型村的 100%。村集体经济发展分化与区位存在强关联性。

3. 城乡接合部与平原地区内部分化突出

通过泰尔（Theil）指数的变化及其分解技术来进一步考察 40 个村人均集体净资产的分化程度。泰尔指数具有满足达尔顿—庇古（Dalton - Pigou）转移原理以及人口和收入匀质性等条件的优良特性（A. F. Shorrocks，1980），适宜进行子群体分解的比较。其一般计算方法为：

$$I(0) = \frac{1}{N}\sum_{i=1}^{N}\ln\frac{\bar{y}}{y_i}$$

其中，N 为单位数，即村庄个数，y_i 是第 i 个村庄的人均集体净资产。考虑到村庄之间人口规模的差异性对测量结果的影响，将单位人均集体净资产引入村庄人口规模权数，形成加权的村庄人均集体净资产。同样，引入

$$\bar{y}^* = \frac{\sum_{i=1}^{n} Y_i}{\sum_j P_j} \neq \frac{\sum_j y_i}{n}$$

从而，泰尔指数的形式为 $I(0) = \frac{1}{N}\sum_{i=1}^{N}\ln\frac{\bar{y}^*}{y_i}$。在此基础上，引入加权后的泰尔指数的差异分解公式：

$$I(0) = \sum_{j=1}^{J} p_j I(0)_j + \sum_{j=1}^{J} p_j \ln\frac{p_j}{\omega_j}$$

$$I(0)_j = \frac{1}{N_j}\sum_{i=1}^{N_j}\ln\frac{\bar{y}_j}{y_{ji}}$$

其中，p_j 为第 j 组村庄在总样本村庄中人口所占比重，同样，ω_j 表示第 j 组村庄的集体净资产额在总样本村庄中所占比重，两者同为分解公式中的权数。第一项为各组内差距的测量值，第二项为各组之间，即城乡接合部、平原与山区三组村庄之间差距的测量值。通过差异贡献率的分解，可以观察各区域内部差异的变化趋势，也能看出区域之间差异贡献率的变化。图 1－7 和图 1－8 给出了 1978—2014 年北京市 40 个样本村人均集体净资产的泰尔指数变化及其分解结果。

村庄间人均集体净资产差距主要来自各区域内部。40 个村人均集体净资产总体相对差异程度一直在持续上升，由 1978 年的 0.582 上升至 2014 年的 2.179。差异拉大的主导力量是组内差而非组间差，其平均贡献率为 79.3%。如图 1－7 所示。

城乡接合部地区村庄间差距显著上升。通过泰尔指数分解发现，城乡接合部地区村庄间差距先平稳下降，后急速反弹。1978—2006 年，

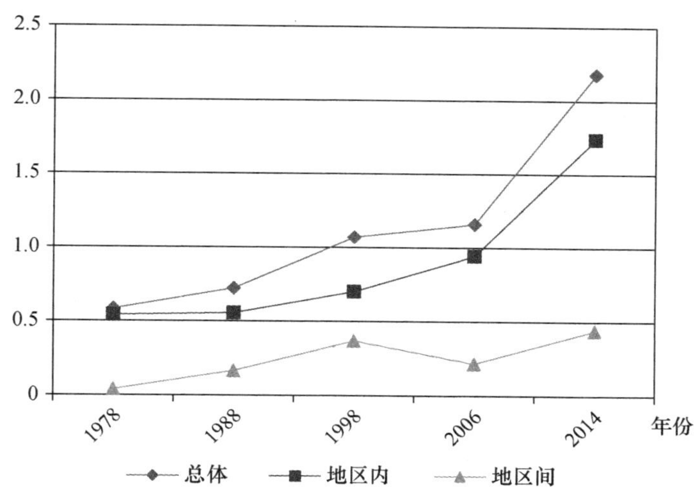

图 1－7　北京市 40 个样本村人均集体净资产的泰尔指数变化及其分解

城乡接合部地区人均集体净资产的差异程度基本维持在 0.2 左右。之后，差异急剧上升，2014 年达到 1 左右。如图 1－8 所示。

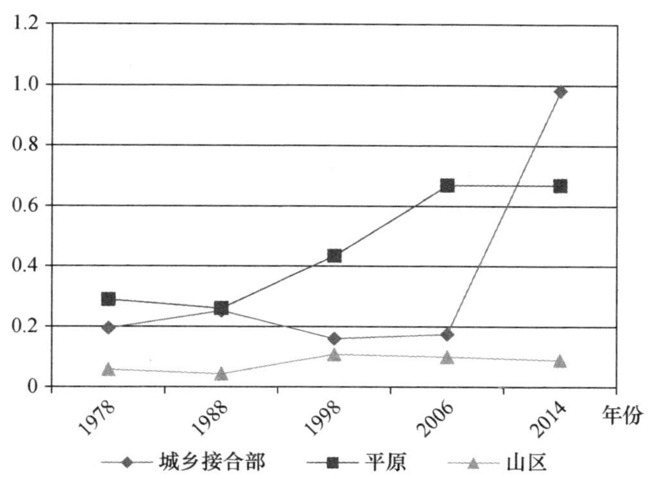

图 1－8　北京市 40 个样本村三类地区的泰尔指数变化及其分解

平原地区内部差异几乎始终处于最高位，先下降、加速上升，后趋于平稳。1978—2006 年，平原地区农村始终是各区域差异程度最大的区域，且于 2006 年达到 0.669 之前呈持续攀升态势。

山区地区内部差异相对较小。山区村人均集体净资产差距水平较低，变化较平稳，处于 0.06—0.1，且对总体差距的贡献率最低，为 4%—10%。受生态涵养功能定位在规划、用地、产业等方面的诸多限制，山区发展模式趋同，经济发展水平差异相对较小。

三类地区之间的差距总体上呈现缓慢上升趋势。在 1978—1998 年的二十年间，城乡接合部、平原和山区之间的地区组间泰尔指数及贡献率，分别从 0.041 和 7.0% 上升到 0.369 和 34.5%，一度取代了城乡接合部而成为第二大贡献来源。2014 年，组间差升至 0.44，贡献率下降为 20.2%。

（三）村庄分化呈现“俱乐部收敛”性质

根据“村经济总收入①”指标的“好（富裕村）”“中（一般村）”和“差（贫困村）”三个级别，对 40 个村庄进行分组和排序。划分标准为：排名在前 14 的村庄为富裕村，排名在后 13 位的村庄为贫困村，在中间的 13 个村为一般村。由此形成了“1978—1988 年”“1988—1998 年”“1998—2006 年”和“2006—2014 年”四个时间段的转移概率矩阵，其中每一个数据表示由起始年到终止年的转移概率。

1978—1988 年：在家庭承包经营体制变革的影响下，村域经济呈现了普涨格局。通常把这段时期的增长称为家庭承包体制变革带动下的超常规增长阶段。村庄间总收入水平分化程度尚不明显。如表 1 -7 所示，1978 年处于最高等级的村庄到 1988 年仍

① 村经济总收入属于综合性指标，反映了村庄发展的基本态势，包括公有经济收入和非公有经济收入两部分。按经营层次分，前者包括村级集体经济组织收入和所属集体企业收入，后者包括农户经营收入和私营企业收入。

有0.71的概率位于最高等级，而成为最差的概率为0，降为中等的概率为0.29。但是，处于中等层次的村庄已经开始了分化，1978年的中等层次村庄，到1988年会有0.31的概率上升为“好”村，0.23的概率变为“差”村。而1978年“差”的村则大部分（85%）仍然处于差的一组内，只有少部分（15%）上升为中等村。表明在这一阶段出现了一定程度的村庄间俱乐部收敛。

表1－7　　1978—1988年村庄间总收入转移概率矩阵

		1988年		
		好	中	差
1978年	好	0.71	0.29	0
	中	0.31	0.46	0.23
	差	0	0.15	0.85

1988—1998年：一些村庄的发展速度降下来，另一些村庄则加快了发展速度，甚至出现了赶超。这期间，乡镇企业的发展程度成为村庄之间发展差异的重要影响因素，可以称为“农村工业化”阶段。如表1－8所示，部分组存在显著的分化趋势。1988年的中等村庄到1998年仍然处于中等水平的村庄仅0.38，0.31的概率上升为上等村，0.31的概率下降为低等村。但是，“好—好”与“差—差”的概率分别达到了0.71和0.69，俱乐部收敛的特征日益明显。

表1－8　　1988—1998年村庄间总收入转移概率矩阵

		1998年		
		好	中	差
1988年	好	0.71	0.29	0
	中	0.31	0.38	0.31
	差	0	0.31	0.69

1998—2006 年：北京郊区工业化和城镇化进入中后期阶段，城市对乡村的经济辐射力度加强，但是，村庄在长期自发的发展过程中，已经基本形成了相对稳定的序列，其标志是中等村已经基本停止分化，“中—中”的概率达到 0. 62。如表 1 –9 所示，村庄之间继续分化的趋势显著趋缓，尤其是处于“差”等级的村庄，到 2006 年仍然位于这一等级的概率为 0. 92，而“好—好”的概率为 0. 64。村庄俱乐部收敛趋势已经非常明显。

表 1 –9　　1998—2006 年村庄间总收入转移概率矩阵

		2006 年		
		好	中	差
1998 年	好	0. 64	0. 29	0. 07
	中	0. 38	0. 62	0
	差	0	0. 08	0. 92

2006—2014 年：重点是推进新农村建设与城乡一体化进程，均衡发展已经成为首要战略目标。但是，村庄俱乐部收敛的格局仍然没有打破。如表 1 –10 所示，“好—好”的概率为 0. 79，“中—中”的概率为 0. 62，“差—差”的概率为 0. 69。中等村分化的程度趋于 0。

表 1 –10　　2006—2014 年村庄间总收入转移概率矩阵

		2014 年		
		好	中	差
2006 年	好	0. 79	0. 07	0. 14
	中	0. 23	0. 62	0. 15
	差	0	0. 31	0. 69

综上所述，村庄经济总收入这一指标在 1978—1988 年、

1988—1998 年、1998—2006 年和 2006—2014 年这四个时间段内，呈现出愈益明显的俱乐部收敛特征。无论是“富裕村”“一般村”还是“贫困村”，在连续的时间态中，相对发展格局已经基本固定。

通过以上转移概率矩阵分析，“富裕村”与“贫困村”存在着内部收敛现象，村庄发展并没有缩小贫富差距，初始状态的经济实力差距今后很难扭转。当然，对未来趋势的判断不能简单依据对过去的归纳，除非转移概率矩阵满足马氏性检验。

一般来说，要预测事物发展的趋势，必须综合考察其过去及现在的状态，才能预测其未来。马尔科夫预测法认为，只要当事物的现在状态为已知时，人们就可以预测其未来的状态，而与事物的过去状态无关，即马尔科夫链具有无后效性的特性，称为“马尔科夫性”。随机变量序列如果具有“马氏性”，就可以应用马尔科夫链模型分析和预测趋势变化。

设所讨论的指标值序列包含 m 个可能的状态，用 f_{ij} 表示指标值序列 χ_1，χ_2，…，χ_m 中从状态 i 经过一步转移到达状态 j 的频数，i，$j \in E$。将转移概率矩阵的第 j 列之和除以各行各列的综合所得的值称为“边际概率”，记为 $p_{\cdot j}$，即 $p_{\cdot j} = \sum_{i=1}^{m} f_{ij} / \sum_{i=1}^{m} \sum_{j=1}^{m} f_{ij}$，则统计量 $\chi^2 = \sum_{i=1}^{m} \sum_{j=1}^{m} f_{ij} \left| \log \frac{p_{ij}}{p_{\cdot j}} \right|$ 以自由度为 $(m-1)^2$ 的 χ^2 分布为极限分布。其中，$p_{ij} = f_{ij} / \sum_{j=1}^{m} f_{ij}$。且给定显著性水平 α，若 $\chi^2 > \chi_{\alpha}^2 (m-1)^2$，则认为 $\{\chi_i\}$ 符合马氏性，否则该序列不可作为马尔科夫链来处理。

对 1978 年、1988 年、1998 年、2006 年、2014 年村经济总收入从高到低进行排序，排名在前 14 位的为富裕村，状态为 1；排名 15—27 位的为一般村，状态为 2；排名 28—40 位的为贫困村，状态为 3（见表 1－11）。

表 1-11　　40 个村在各个年份的村经济总收入状态

村庄代码	1	2	3	4	5	6	7	8	9	10	11	12	13	14	15	16	17	18	19	20
1978 年	1	1	3	1	2	2	1	2	2	3	3	2	1	1	2	2	2	3	3	3
1988 年	1	1	3	1	3	1	1	2	1	3	3	1	2	2	3	2	2	3	2	2
1998 年	1	1	3	1	3	1	1	2	1	2	3	1	2	3	2	3	1	3	3	2
2006 年	3	2	3	1	2	2	1	1	1	2	3	1	2	3	1	3	1	3	3	2
2014 年	2	1	3	1	2	1	1	3	1	3	3	1	2	2	1	3	1	3	3	2
村庄代码	21	22	23	24	25	26	27	28	29	30	31	32	33	34	35	36	37	38	39	40
1978 年	3	3	3	2	1	1	3	3	2	2	1	1	1	2	1	3	1	3	1	2
1988 年	3	3	3	2	1	1	2	3	2	3	2	1	1	2	2	3	1	3	1	1
1998 年	2	3	3	2	1	2	1	3	2	3	3	2	1	1	1	2	2	3	2	1
2006 年	1	3	3	2	2	2	2	3	1	3	3	2	1	1	1	2	2	3	1	1
2014 年	2	3	3	2	2	2	1	2	1	3	2	2	1	1	3	3	2	3	1	1

对 5 个时间点的村经济总收入状态做马尔科夫链检验。由表 1-11 计算可得：

$$(f_{ij})_{3\times 3}=\begin{cases}41 & 14 & 3\\16 & 29 & 9\\0 & 12 & 36\end{cases}$$

$$(p_{ij})_{3\times 3}=\begin{cases}41/58 & 14/58 & 3/58\\16/54 & 29/54 & 9/54\\0 & 12/48 & 36/48\end{cases}$$

边际概率值公式如下：

$$p_{\cdot j}=\sum_{i=1}^{m}f_{ij}/\sum_{i=1}^{m}\sum_{j=1}^{m}f_{ij}$$

计算可得：

$p_{\cdot 1}=0.35625$　$p_{\cdot 2}=0.34375$　$p_{\cdot 3}=0.3$

给定显著性水平 $\alpha=0.01$，查表可得分位点 $\chi_{\alpha}^{2}\ (m-1)^{2}=\chi_{\alpha}^{2}\ (4)\ =13.277$。由于 $\chi^{2}=96.3033>\chi_{\alpha}^{2}\ (m-1)^{2}$，可得村经济总收入序列满足马氏性。因此，可以通过马尔科夫链进行 2014—

2024 年的村庄转移概率矩阵预测，结果见表 1－13。

表 1－12　　统计量 χ^2 计算

状态	$F_{i1} \left\| \log \frac{p_{i1}}{p_{\cdot 1}} \right\|$	$F_{i2} \left\| \log \frac{p_{i2}}{p_{\cdot 2}} \right\|$	$F_{i3} \left\| \log \frac{p_{i3}}{p_{\cdot 3}} \right\|$	$F_{i4} \left\| \log \frac{p_{i4}}{p_{\cdot 4}} \right\|$
1	28.09532	4.949631	5.273574	38.31852
2	2.948364	12.93842	5.29008	21.17686
3	0	3.821445	32.98647	36.80791
合计	31.04368	21.7095	43.55012	96.3033

表 1－13　2014—2024 年村庄间总收入转移概率矩阵预测

		2024 年		
		好	中	差
2014 年	好	0.71	0.24	0.05
	中	0.29	0.54	0.17
	差	0	0.25	0.75

预测发现，村庄间的俱乐部收敛趋势依旧存在，经过未来十年的村庄发展，71% 的“富裕村”依旧在“富裕村”的行列，75% 的“贫困村”依旧在“贫困村”队伍，村庄序列已然固化。

（四）走向乡镇统筹：关于村庄分化趋势的进一步探讨

由于初始条件、市场机遇、人力资源等各种因素影响，村庄发展呈现分化趋势。加之集体产权的封闭性，村庄之间的市场是被分割开的，劳动力、资金、土地等资源要素很难在村域之间自由流动，无法实现优化配置。村庄分化导致的村庄等级格局趋于固化，形成“贫者仍贫，富者仍富”的俱乐部收敛。只有破除“村自为战”的发展体制格局，建立乡镇统筹发展的新机制，才能实现区域均衡协调发展的目标。

1. 村庄分化的趋势具有客观性

改革开放以来，农村地区“以粮为纲”的产业政策开始松绑，带来村庄之间的要素流动逐渐加快和分工分业的深化，地区差异扩大是一个客观的过程。一些村庄单纯依靠农业经济支撑，集体经济逐渐衰弱下来，难以充分解决村民的就业问题，逐渐丧失永久居住的吸引力，青壮年劳动力不断流失。另一些村庄，抓住发展机遇，进行产业升级，寻找到了新的经济增长点，解决了本村农民就业问题，还吸引外来人口逐渐流入聚集。据北京市房山区2006年的调查，韩村河、司马台和窦店三个村的集体经济收入占全区的40.8%，全区一半以上的村庄基本靠各种扶持资金勉强运转。

2. “村自为战”的分割体制形成了村庄发展非均衡的固态结构

伴随计划经济体制向市场经济体制转型，市场机遇逐渐向广大农村地区扩散。理论上说，村庄发展应从非均衡状态向均衡状态逐渐转化。但是，中国农村地区的发展面临双重市场分割，市场机制的作用不能有效发挥。一是城乡二元结构体制。城乡之间的土地市场、劳动力市场以及资本市场的分割导致要素不能在城乡之间自由流动，城乡差距长期固化。二是村与村之间的要素市场分割体制导致农村地区内部的收入差距难以缩小。传统村集体经济组织的产权封闭造成劳动力、土地、资金等生产要素无法按照市场需求跨村进行集中优化配置、自由流动，就像一个村庄的农户不能随便改变户籍融入城镇一样，也难以融入其他村庄，属于“另外一种户籍制度”。产业项目所需要的人、财、物等资源和要素主要来自本村，形成了“乡办企业在乡，村办企业在村，户办企业在家”的“村村点火、户户冒烟”的散点式、碎片化的农村工业化现象。

由此，形成过剩与短缺并存的村庄间资源配置的结构性非均衡。由于规划建设用地指标难以实现跨村集中配置，一些先发展起来的村庄难以规模扩容和产业升级。在狭小的土地空间格局下，劳动力要素投入很容易进入边际报酬递减的区间，难以形成规模经济，抑制了村庄发展转型升级的动力，也无法通过产业外溢效应带动落后村的发展。

3. 乡镇统筹是探索农村地区内部均衡发展的新机制

城乡一体化的基本特征应该是城乡与区域之间的资源要素达到了最佳配置的均衡状态，村庄之间收入、公共服务等领域差别的消失成为其重要目标。需要突破传统体制机制障碍，进行跨村域的乡镇统筹发展。大兴区西红门镇、海淀区东升镇等地区已经进行了乡镇统筹的大量实践探索。无独有偶，以日本富士见町开发公社为例，通过组建财产区（类似乡镇统筹实施单元）开发保健疗养项目，将收益按入股比例分配给财产区拥有所有权的各个村落，其实质是一种跨村性质的区域均衡发展模式。

乡镇统筹的北京实践，主要完成了三项任务：一是实现资源整合与集中优化配置。破除村庄分割，资源要素在更大范围内的优化组合，解决规模经济与产权碎片化之间的矛盾，地尽其利。二是建立联营联建的现代产权体系与收入分配机制。通过乡村集体经济产权制度改革，理顺镇与村、村与村、村与户之间的利益关系和治理边界，均衡土地发展权，地利共享。三是优化村庄的空间与产业布局。适应首都大都市规划的特点，促进村庄专业化发展，拓宽村庄发展的空间，实现规划还绿，缓解人口、资源、环境矛盾的“大城市病”。

第二章　乡镇统筹的理论基础

城镇化主要是一个人地关系调整的过程，人是目的，地是手段，依靠土地改革，实现社会结构转型，是走新型城镇化道路的基本要义。2016 年，中国城镇化率达到 57.35%，仍处于快速推进阶段，改革与转型的各种矛盾和问题错综复杂，集中释放，迫切呼唤五大新发展理念下的现代国家治理。集体土地制度改革直接深入城乡与部门权力结构的深层次利益调整，是社会结构转型最彻底、有效、快捷的工具之一，牵一发而动全身。但是，长期以来，社会转型理论领域的研究多是关注“人”，而忽视了“地”。

北京郊区推进的乡镇统筹利用集体建设用地试点，是在农民市民化面临高成本门槛情况下对农村社会结构转型的新探索。其要点：一是通过走本土型城镇化，降低市民化成本；二是通过农民带资进城，提高对市民化成本的消化能力。打通这两条路的条件：破解经济社会领域的碎片化土地产权关系与产业项目的规模化之间的矛盾、大城市整体性空间规划与村庄之间发展权不均衡的矛盾以及特大城市郊区土地红利诱致的人口、资源、环境的“大城市病”的矛盾，实现地尽其利、地利共享、均衡发展。本章建构出的双刘易斯二元模型，为乡镇统筹的改革实践提供了一个理论基础。

一　传统二元模型忽略了土地问题

城镇化作为一项国家战略，已经由以加快劳动力非农就业转移进入以农民市民化为标志的社会结构转型与城镇化质量提升阶段。2011 年，中国城镇化率达到 51.27%，首次跨越了 50% 的临界点，意味着城市型社会已经来临，中国工业化、城镇化迈入中后期阶段。2014 年 7 月 30 日，国务院印发《关于进一步推进户籍制度改革的意见》，提出促进有能力在城镇稳定就业和生活的常住人口有序实现市民化，稳步推进城镇基本公共服务对常住人口全覆盖，标志着中国实行了近 60 年的城乡二元户籍管理模式将逐渐退出历史舞台。

由于城乡二元体制尚未发生根本性转变，农民未能随城镇化推进而相应地在就业、住房、社保以及公共服务等方面享受到市民待遇。跨越城镇化成本门槛历来是发展中国家推进社会转型面临的难题（Linn，1982；Richardson，1987）。根据国家统计局的调查数据，2013 年，雇主或单位为农民工缴纳养老保险、医疗保险、失业保险和生育保险的比例分别只有 15.7%、17.6%、9.1% 和 6.6%。[①] 2030 年，中国城镇化率将达到 65% 左右（魏后凯，2010），这意味着在今后 15 年内将有两亿多人由农村转移到城市居住。加上原来没有完全城镇化的两亿多农民工，预计未来将有 4 亿—5 亿农民工需要市民化，需要 40 万亿—50 万亿的资金支撑。而如果综合考虑居住成本、工作创造成本、社保及公共服务成本等多个因素，农民市民化将面临更大的成本压力，传统的农民、企业和政府三方承担方式难以化解（魏后凯、陈雪

① 国家统计局：《2013 年全国农民工监测调查报告》，国家统计局网站（http：//www. stats. gov. cn/tjsj/zxfb/201405/t20140512_ 551585. html），2014 年 5 月 12 日。

原，2014；章铮，2009）。探索市民化分担机制，需要农民市民化研究开辟新的视野。

既有研究主要是沿袭刘易斯—费景汉—拉尼斯二元经济模型分析框架下的劳动力转移角度解读农民工市民化滞后问题，提出要突破户籍制度约束，让农民工直接在现工作生活的城镇实现市民化。其逻辑要点包括：重点关注农村转移出来的人口，即农民工的市民化；农民工未市民化是由于城乡二元户籍制度约束；放开户籍制度限制，政府加大财政投入，现有农民工就有能力在所在城镇实现市民化。

第一点源于对“市民化”概念的狭义理解，市民化的核心不是农民由农业户籍变为非农业户籍，而是对城市文明元素的城乡均等化享用。在城市产业和功能持续向农村地区扩散的趋势和背景下，不仅要研究农民工的市民化，还要把研究对象扩展到整体农民的市民化。第二点忽略了农村集体所有制，特别是传统的产权结构封闭的集体土地所有制对农民市民化的限制条件。农民和集体的产权关系在未得到明确固化的情况下，农民转居民往往意味着失去土地等农村各项权益。第三点忽略了市民化成本对农民市民化的限制，没有认识到集体资产分担市民化成本的功能，其方法论根源在于劳动力市场的局部均衡分析范式。拉尼斯（Ranis，1988）认为，农业部门只需要固定投入的土地，而制造业部门不需要大量土地或土地要素重要性并不突出，于是，二元模型中天然地剔除了土地市场因素。2003 年，珠江三角洲地区出现“民工荒”，中国经济进入刘易斯第一转折点向第二转折点推进的新阶段（蔡昉，2007），这意味着城乡一体化阶段即将到来。一个基本特征是与农村劳动力向城市转移并行的，随着城市资本开始向农村地区转移，部分农民工开始回流农村，集体土地资源供给开始由完全弹性转变为缺乏弹性，形成土地要素与劳动力要素价格同时上涨的局面，即刘易斯转折点不仅发生在劳动力市场，也将同时体现到土地市场，并带动农村集体资产规模的迅速增长。研究农民市民化应立足一般均衡方法，研究人与地两种要素，构造农民市民化的新理论框架，提出可操作性的实现路径及配套政策。

二　双刘易斯二元模型：理论假说

（一）把土地要素纳入刘易斯二元模型主要基于“共同共有”的农村集体产权制度与城乡二元土地制度

从亚当·斯密把价格机制称为“看不见的手”到瓦尔拉斯把市场均衡比作“被风吹动的湖面”，再到杰拉德·德布鲁（1988）用严格数理方法论证了一般均衡的存在性，一般均衡一直是经济学理论的核心。其主旨思想是：在完全竞争的市场经济条件下，遵循价格系统的指针调整，劳动力、资本、土地等生产要素会根据其边际生产力不断提高配置效率，最终达到帕累托最优。在斯密—瓦尔拉斯—德布鲁框架下，劳动力要素在城乡之间的重新配置会连锁引起土地、资本等其他要素的相应变动，经济很快会从初始均衡状态达到新的均衡状态。农民市民化滞后问题的产生只能是市场分割的结果。经济学家习惯于从城乡劳动力市场分割的视角来解读农民市民化问题，逐渐形成户籍门槛障碍的思维教条。实际上，问题的关键不是户籍制度本身，而是让进城农民有能力跨越进城的成本门槛。农村集体土地等各类集体资源资产是农民进城的重要财产依托，这是中国的一个制度优势。但是，让农民带资进城，又面临着城乡二元土地市场歧视与农村内部的土地碎片化形成的双重土地市场分割以及“共同共有”的集体产权制度结构的限制。这些农村集体所有制改革的深层次问题，恰恰是过去研究刘易斯二元模型的学术成果所长期未触及的。

刘易斯二元模型主要是在传统部门与现代部门的二元框架

下，论述了发展中国家在工业化、城镇化过程中实现劳动力由传统部门到现代部门的转移过程，揭示了经济转型期的基本特征和经济增长的动力机制（Lewis，1954）。但是，该模型重点是针对劳动力的非农转移问题，没有关注农民离开时土地等资产价格的变动，属于局部均衡分析。其原因主要是在过去欧美或拉美国家的城镇化进程中，土地等资产处置问题不是很突出，前者可以带资进城，后者根本无资可带，自然就不用在模型中考虑土地问题。新民主主义革命时期，中国进行了彻底的土地改革，农民普遍获得了土地资产。随着合作化运动的展开，逐渐由私有制基础上的初级社过渡到公有制性质的高级社，集体经济作为一种独立的经济形态走上了历史舞台。在传统的“共同共有”产权结构的农村集体所有制条件下，农民离开农村时，无法进行资产处置，一定程度上等同于拉美城镇化模式，即有集体资产情况的无产化劳动力转移。

20 世纪 80 年代中期，在中国农村地区，“三级所有，队为基础”的人民公社体制向“统分结合、双层经营”的家庭承包经营体制转型，虽然改变了农业组织的经营形式，激发了以户为单位的生产热情，但并没有解决传统的农村集体所有制下产权不清晰问题，更没有改变城乡二元体制，农村地区的计划经济向市场经济的体制转型任务远没有完成。这主要表现在土地要素市场发育滞后和共同共有产权结构的集体经济组织产权不清晰两个方面。土地要素市场分割又分别表现为城乡分割和“村自为战、户自为战”的产权碎片化分割。前者，如《土地管理法》第四十三条规定：“任何单位和个人进行建设，需要使用土地的，必须依法申请使用国有土地”，加上《担保法》《抵押法》等法律法规对集体土地的歧视性规定，形成了所有制管制条件下的城乡土地市场二元分割体制。后者主要是在传统的封闭产权结构的集体土地所有制及家庭承包制条件下，村集体与村集体、农户与农户之间各自为政，导致土地利用的碎片化，形成了农村地区内部的另一种土地市场的分割，难以地尽其利。而集体经济组织内部资产共同所有的产权结构下，集体经济组织成员的收益权缺乏制度保障，难以地利共享。在这种制度条件下，农村劳动力在向非农领域转移时，无法实现农村集体资产的有效处置，自然无法发挥集体资产价值对农民市民化的杠杆作用，导致农民面临市民化的高门槛难以跨越，农村集体资产的脐带又无法割断的尴尬局面。

城乡二元的土地制度与传统的农村集体产权制度已成为影响农民市民化的重要因素，应建立一个既包括劳动力市场又包括土地市场的分析框架，把两者有机地连接起来，才能更清晰地解释刘易斯转折点背后的体制机制问题，探索中国特色新型城镇化道路。

（二）双刘易斯二元模型假说

拉尼斯（1988）的框架内，土地没有得到应有的关注。刘易斯模型主要是从劳动力市场角度来解读经济增长的机制，同样没有重点关注土地要素对经济增长的影响。改革开放以来，“廉价劳动力+零地租”一直是中国经济快速增长的“秘诀”。对刘易斯模型的理论溯源也发现，刘易斯转折点原本指的是两个转折点（Lewis，1972）。分辨清楚两个转折点的意义不仅有利于明确经济发展转型阶段，而且可以顺理成章地增加土地要素，形成一般均衡框架下的双刘易斯二元模型。

亚当·斯密曾指出，经济发展存在两个不同的阶段：劳动力无限供给的古典阶段和资本相对丰裕的劳动力非无限供给阶段（Lewis，1958）。刘易斯（1972）根据这一思想，提出了“两个转折点”理论：第一个转折点为现代部门工资开始上升；第二个转折点为传统部门与现代部门边际产品相等。刘易斯认为，第二个转折点具有决定意义，经济由此进入新古典阶段，从而将两阶段理论发展为古典阶段（OA_1）、转折点阶段（A_1A_2）和新古典阶段（A_2之后）的三阶段理论，对应的劳动力供给特点分别为完全弹性、缺乏弹性与无弹性，如图 2－1所示。

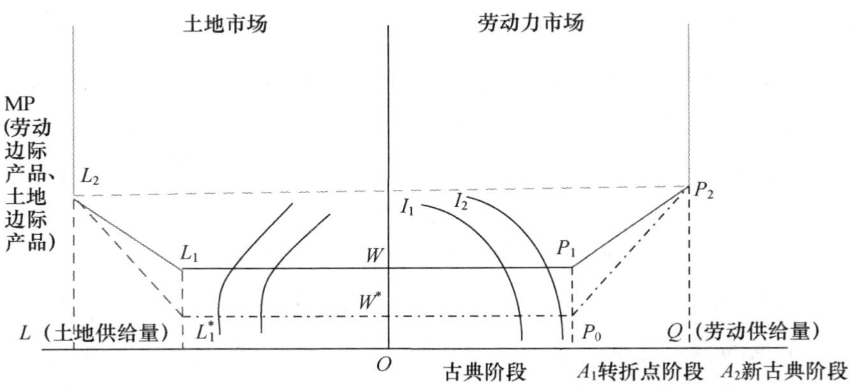

图 2－1　一般均衡框架下的“双刘易斯二元模型”

在图 2－1 中，横轴 Q 和 L 分别代表劳动力供给时间数量与土地供给面积数量，纵轴 MP 代表劳动边际产品、土地边际产品。曲线 I_1 代表某个家庭的单个工作者在固定土地面积、X 个劳动力条件下的劳动边际产品，曲线 I_2 代表该家庭劳动力减少到（$X-n$）个时的劳动边际产品。曲线凹向原点，表明劳动边际产品递减速度增加，当达到某一点时，农民选择闲暇而不再增加劳动供给，即处于劳动力供给曲线的向后弯折阶段。当家庭劳动力数量持续下降，到达刘易斯转折点后，再增加劳动供给需要工资水平的上涨。W 与 W^* 分别为现代部门与传统部门的工资收入水平，P_1 和 P_2 分别为刘易斯第一转折点和第二转折点，相应的 L_1、L_2 分别为农村地区的集体土地市场价格的两个转折点。

第一个转折点 P_1 只有在由于传统部门的压力作用下，劳动时间供给开始丧失完全弹性特征而工资开始上升时才会来到，即传统部门 OA_1 数量的劳动力由于现代部门劳动边际生产力曲线 I_1 向 I_2 推进而被吸收完毕。第二个转折点 P_2 到来时，两个部门的劳动边际产品相等（图 2－1 中两部门工资收入水平曲线汇集于

P_2 点），经济由古典阶段、转折点阶段到达了新古典阶段。刘易斯（1972）分别引用英国、美国和日本早期产业革命时期的情况对这一理论作了印证。

传统部门对现代部门的压力主要体现在本部门平均工资收入 W^* 的提高（由 P_0 点开始），进而提高现代部门工资 W。一旦被传统部门的工资水平超过（$W^* > W$），就会发生劳动力的回流，造成“民工荒”。同时，受土地不可移动性等因素的影响，土地供给不会自动地随着资本和劳动力供给增加而同步增加，土地供给稀缺程度也会相应上升。随着城市土地供给不足而价格快速上涨，产业资本会向农村地区转移。正如劳动力市场一样，农村地区现代部门需求的集体土地由供给的完全弹性向缺乏弹性转变，土地价格开始上涨（到达 L_1 之后）。农村地区传统部门占用的农业用地，也会发生类似的变化（到达 L_1^* 之后）。

（三）双刘易斯二元模型的动态机制

动态机制更多的是指在刘易斯两转折点模型基础上解释土地价格即地租上涨的过程及其对相关变量的影响作用。假设工资为外生变量，分析一下产品产值、利润和地租之间关系变动的阶段性特征，揭示带有土地要素的双刘易斯二元模型的动态机制。

现代部门企业的利润首要地依赖于地租与产品价格的比率关系，即 r/p。为了获得更准确的利润测度指标，需要把地均产出这一代表生产效率（产品数量 Q 和土地投入数量 L 之间的比值）的指标引入进来，考虑无原材料、不涉及增加值问题的情况下地租—产值关系为：

$$rL/pQ \text{ 或} (r/p) \times (L/Q) \tag{2.1}$$

如果经营者利润（或者储蓄 S 或者投资 I）为 π，假设经济不存在漏出，利润全部转为储蓄，储蓄全部转化为投资：

$$\pi = S = I = 1 - (r/p) \times (L/Q) \tag{2.2}$$

实际上，产值—地租关系说明了土地资源非农化的内在动力机制。当生产率提高而地租保持不变时，现代部门中的利润份额提高，储蓄率上升。通过储蓄转化为投资，增加雇用工人数量，产生更多的利润，进一步提高了现代部门在整个国民经济中的比重。随着地租上升，利润水平则趋于下降，并影响到后续生产规模的扩张。在经历了经济发展的初期阶段后，农业现代化进程也在不断加快，由于传统部门土地利用需求会上升，这就压迫现代部门的地租水平必须上升，到达第一转折点 L_1。由此经济进入了双刘易斯二元模型左侧的第一转折点与第二转折点 L_2 之间的区域，地租—价格比率 r/p 和生产效率 Q/L 共同处于增长阶段。由于土地资源在这一个阶段由完全供给弹性向缺乏供给弹性转变，r/p 的增长速度迟早会快于 Q/L 的增长速度，即土地所有者开始更多地分享生产效率上升带来的收益，这意味着利润率开始下降［式（2.2）］。之后，代表现代部门的城市产业和功能向农村地区扩散和疏解的趋势会日益显著。

于是，经济最终到达了第二个转折点，传统部门与现代部门土地边际产品相等，r 停止上升，π 停止下降，都处于一个相对稳定阶段。经济发展由此进入第三个阶段：新古典阶段。①

假如非农转移者②也是土地占有者，自第一个转折点之后，不仅工资上涨，而且通过集体土地资源证券化，带着日益升值的资产进城，就有可能跨越城镇工作生活的成本门槛，完成社会结构转型。詹姆斯·布坎南（2002）曾经把财产比作自由的担保人。在这方面，历史上存在正反两方面的经验。19 世纪，西欧一些国家在工业化、城镇化进程中，城市内没有出现严重的贫民

① 刘易斯第二转折点也就是费景汉—拉尼斯二元经济模型中的商业化点（Lewis，1972）。该模型考虑了传统农业生产效率的提高对现代产业部门的制约作用，对刘易斯二元模型做出了重要发展，故被称为“刘易斯—费景汉—拉尼斯模型”。本书未引入这一分析，原因在于中国在改革开放起始阶段就已经基本解决了粮食问题和农业技术进步问题，这为农村工业化和城镇化奠定了前提条件。而劳动力供求趋紧却在改革开放近 30 年之后才发生。不考虑农业部门的技术进步因素对本书结论不会产生实质性影响。

② 这里的非农就业转移是就广义而言的，如向城市转移或向小城镇转移，或就地就近转移到新农村社区。

窟现象，原因在于农村土地和农民住房可以进行抵押，有助于他们创业、租房并在城镇定居（厉以宁，2011）。而拉美等国家未完成彻底的土地制度改革，农民多数不是小土地所有者，没有土地可以抵押，进城后往往进入了非正规就业部门，生活在贫民窟。中国面临着两条道路选择，如果选择后者，就回避改革，继续维持城乡二元分割体制与传统的集体所有制；如果选择前者，就要加快推进土地制度改革，建立城乡一体的土地要素市场，让农民“有资可带”，同时，进行农村集体产权制度改革，“变共同共有为按份共有”，落实农民收益分配权，让农民“带资进城”。

三　双刘易斯二元模型：现实表现

（一）典型化事实

双刘易斯二元模型在现实中的具体表现：一是农民非农转移就业工资和城镇职工工资由长期平稳转变为快速上涨；二是农村集体土地地租上涨明显，带动农村集体资产规模快速增长。仅以2010年为例，全国土地出让金大致为2.7万亿元，同比增长了70%，相当于全国公共财政收入的32.5%。以北京市为例，改革开放以来，农村集体资产规模增长迅猛。1978—2013年，乡村集体资产由11.4亿元上升到5049亿元①（见图2-2）。在每五年测算的农村集体资产增长速度中，1993年是1988年的4.96倍，是最高增长速度；1998年是1993年的2.32倍，居其次。同期，城镇单位在岗职工年平均工资由673元增长到93997元。1988年之前，工资增长曲线处于相对平缓的状态，之后进入快速增长通道。1988年的工资水平是1978年的2.97倍，1998年

① 假定通货膨胀率前后是一致的，在不同行业之间也是均衡的。因此，在论证“双刘易斯二元模型”过程中，未考虑价格指数变动因素。

的工资水平是1988年的6.14倍，是1993年工资水平的2.57倍，是每五年一个区间测算的最高上涨速度。概略估计，在20世纪80年代末到90年代中期，北京市农村地区已经进入刘易斯转折点区间。

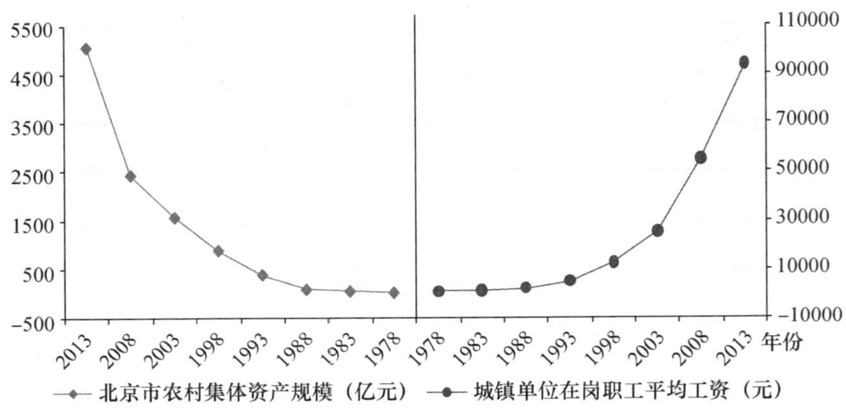

图2-2 改革开放以来北京市农村集体资产规模变化与城镇在岗职工平均工资变化

资料来源：北京市农村合作经济经营管理办公室编：《改革开放30年京郊农村经济资料汇编》（1978—2008）；北京市农村合作经济经营管理办公室农经统计数据库；《北京统计年鉴（2014）》，北京市统计局网站（http://www.bjstats.gov.cn/nj/main/2014-tjnj/CH/index.htm）。

为了与双刘易斯二元模型劳动力工资和土地价格两变量更直接对应，分别选取了北京市农村居民工资性收入和北京市第二道绿化隔离地区①楼面地价两个变量，前者代表劳动力市场上农民外出打工收入，后者代表土地交易市场上北京远郊农村地区的土

① 北京市第二道绿化隔离地区规划范围为第一道绿化隔离地区及边缘集团外界（大致在五环沿线）至六环路外侧1000米，包括通州、亦庄、黄村、良乡、沙河、长辛店六个卫星城及空港城，规划总面积1650平方公里。以行政区划为标准，涉及10个区县90个乡镇1353个村。

地价格。从2003年的3909元增长到2014年的13027元，农村居民工资性收入年均环比增长速度为11.6%。同期，第二道绿化隔离地区楼面地价由2003年的900元迅速增长到2014年的2万元，年均环比增长速度为32.6%。从经验数值观察可以发现，近十几年来，社会结构转型进入一个快速推进的关键时期，要把握好土地价值上涨与农民转移就业收入上升的契机（见图2-3）。

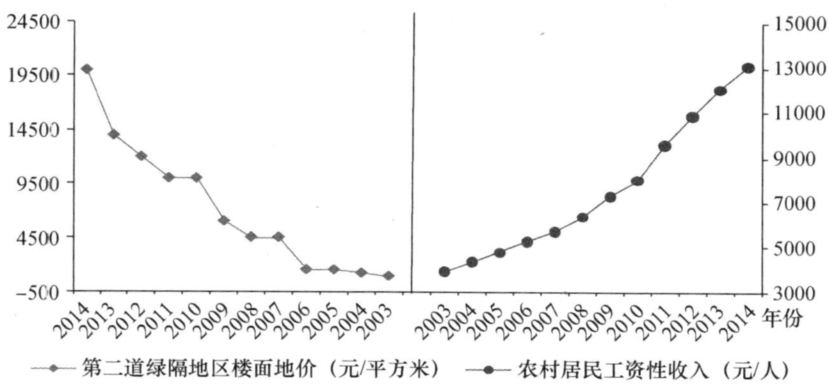

图2-3 北京市第二道绿化隔离地区楼面地价与农村居民工资性收入变化情况

资料来源：国家统计局北京调查总队、北京市统计局编：《北京城乡居民生活统计资料》（2013），北京市统计局网站（http：//www. bjstats. gov. cn/body. htm）；北京市第二道绿化隔离地区楼面地价根据北京市国土局网站关于北京市基准地价更新数据整理而得（http：//www. bjgtj. gov. cn/publish/portal0/tab5152/）。

2011—2014年，北京市近年来的农地价格也在逐渐上涨（见表2-1）。2014年，北京市农村土地流转监测点农地流转交易量较大的区县是房山区和大兴区，农村土地交易活跃地区正在向远郊转移。

表 2－1　　　2011—2014 年北京市农地流转价格

	2011 年	2012 年上半年	2012 年	2013 年上半年	2013 年	2014 年上半年	2014 年
监测点流转价格（元/亩·年）	1283	1633	2207	1531	1610	1809	1677

资料来源：北京市农村合作经济经营管理办公室：《北京市农地承包经营权监测报告（2014）》。

（二）农民带资进城的制度创新

2002 年中央提出城乡统筹发展方略以来，全国各地实行的农民带资进城的制度创新，使土地市场与劳动力市场联动起来，如农村集体产权制度改革、“土地换社保”、地票、农村产权交易、农村集体资金、资产与资源的信托化经营等，促进了农村土地等资源要素的流转和集中优化配置，落实了农民的收益分配权。曲福田、田光明（2011）从城乡统筹角度提出集体土地产权改革方向。黄中廷（2009）总结了北京市石景山区八角村在征地转居环节实施留资产安置。如表 2－2 所示。

表 2－2　　　各地农民带资进城的制度创新实践

地区	制度创新实践与经验做法
北京市	2014 年年底，北京市 3882 个乡村集体经济组织完成了产权制度改革，其中，村级 3863 个，乡镇级 19 个，村级完成改革的比例达到 97.1%。探索了征地环节的“留地与留资产安置”。在门头沟区永定镇白庄子村和东辛称村按 10% 收益率试点农民拆迁款信托化经营。乡镇统筹利用集体建设用地
上海市	2013 年年底，上海市松江区 242 个村完成了村集体产权制度改革，14 个镇完成了镇级集体产权制度改革，并积极推进乡镇集体资产管理委员会建设
天津市	2005 年，华明镇探索出“宅基地换住房”推进农民市民化的新路，即高水平规划建设新型小城镇，农民自愿以其宅基地，按照规定的置换标准换取小城镇的一套住房

续表

	制度创新实践与经验做法
成都市	推进土地等农村资源要素全面确权。2010 年，出台《关于全域成都统一城乡户籍实现居民自由迁徙的意见》，提出让农民“带着产权”进城，农民就业、参加社保不以丧失土地为前提，实现城乡要素的自由流动。温江区提出“双放弃换社保”，对自愿放弃宅基地使用权和土地承包经营权的农民，由政府按规定给予补偿，并解决社会保障
广州市	2010 年，完成产权制度改革的村级集体经济组织 361 个（占 29%），组级集体经济组织 676 个（占 6%）。南海区探索“政经分离”
重庆市	2008 年 12 月成立重庆农村土地交易所，开展土地实物交易和指标交易试验，探索完善配套政策法规，为率先建立城乡统一的建设用地市场提供试验平台。九龙坡区实施“社会保障换承包地，住房换宅基地”
浙江省	建立农村土地承包经营权流转服务体系。全面开展宅基地整理复垦和城乡建设用地增减挂钩试点。嘉兴市“两分两换”，即宅基地和承包地分开、搬迁与土地流转分开，宅基地换城镇房产，土地承包经营权换城镇社保
山东省	莱芜市实施两股两建（土地承包经营权股权化、集体资产股份化、建立新型合作经济组织、建立城乡建设用地流转制度）；发放产权抵（质）押贷款

资料来源：根据黄中廷（2009）、徐盘钢（2011）以及实地调研整理。

（三）案例：旧宫镇统筹利用集体建设用地让农民带资进城

“首农·中科电商谷”是北京市较早的城乡一体化改造投资项目和“房地分离”试点项目，主要是按照“284”模式①，将北京市大兴区旧宫镇南街片区四个村的工业大院②升级改造，打

① “284”模式是“拆 10 还 2 绿 8 建 4”的简化提法，是指在城乡接合部改造过程中，为了促进环境整治，增加农民收入，拆除违法违规建设用地，规划增加占拆除面积 20% 的建设用地指标，剩余 80% 按照原规划要求进行绿化，建筑面积缩至原来的 40%。具体参见第五章“旧宫镇片区统筹模式”。

② 工业大院是 2000 年前后北京市政府鼓励各村镇发展乡镇企业时形成的，当时带动了农村工业化进程，促进了农民增收。随着北京市作为“全国政治中心、文化中心、国际交往中心、科技创新中心”功能定位的凸显，这些工业大院与首都城市功能定位越来越不相符，需要进行彻底的环境整治。

造电商全产业链的现代服务产业聚集区。

指标统筹。南街一村、二村、三村和四村统筹集约利用由于拆违还绿奖励的新增土地规划指标，共计拆除占地 264 公顷，建筑面积 275 万平方米的工业大院，规划新增建设用地 48 公顷，占五环路西侧工业大院拆除面积的 21.6%，剩余 78.4% 的面积主要用于规划还绿，地上建筑面积 88 万平方米，占五环路西侧拆除建筑面积的 40.9%。

利益统筹。组建宏景资产管理公司，作为南街片区四个村的联营公司。南街四个村，不考虑用地性质、区位因素，主要按照人口规模确定各村在联营公司的股权比例。联营公司获得 15 万平方米虚拟房产的未来收益。

区域统筹。五环西侧的四个村工业大院的腾退成本、市政配套所需建设资金以及后期建设成本统一纳入五环东侧的上市地块“城乡接合部改造配套用地”项目的一级开发成本。

政策支撑。改变了过去传统的一级开发项目报批的烦琐程序。用地报批方面，主要以镇政府为申报主体；项目报批方面，主要是联营公司与投资公司双主体申报。同时，集合了土储、绿隔、城乡接合部改造等多项政策。

该案例具体说明了农民如何在市民化进程中通过乡镇统筹引入高端项目，在空间和产业上实现土地集约利用，提升资源配置效率，并在组织体制上实现利益统筹，带着资产进城。

（四）结论与政策启示

共同共有的集体产权制度与城乡二元土地制度安排制约了农民市民化进程。欧美城市化与拉美城市化历来作为人类历史上社会结构转型的正反两面镜子，其中一个重要差别在于农民非农转移时，能否有一块可以自由处置的资产。新中国成立之际进行了彻底的土地制度改革，使农民获得了土地所有权。合作化运动后，建立了产权封闭的集体经济体制，土地由农户个人所有过渡到集体所有。改革开放后，城乡二元土地制度刚性制约下，土地利用低效。农民在非农转移过程中融入城市艰难，而自己的那块集体资产却“沉睡”在农村。在劳动力市场进入刘易斯转折点之际，农民市民化滞后的原因不仅来自户籍制度，还有传统的集体产权制度和城乡二元土地制度的制约。

要在一般均衡框架下拓展刘易斯二元模型的分析视角。实践需要理论来支撑。追本溯源，发现刘易斯—拉尼斯—费景汉模型中没有关注土地要素，原因是认为制造业部门只需要很少量的土地，于是先验性地把土地变量排除在模型之外，而只对劳动力市场进行局部均衡分析。双刘易斯二元模型在一般均衡视角下把土地市场与劳动力市场放在一起研究，并给出了其动态机制。

让农民“带资进城”的关键是地利共享与地尽其利。要深化集体产权制度改革，产权结构由“共同共有”向“按份共有”转变，分配方式由福利分配向按股分红转变，实现地利共享；要加快土地要素市场发育，借鉴中国台湾地区市地重划、农村社区重划和农地重划政策，结合土地整治项目，加快推进集体建设用地使用权、农村土地承包经营权确权颁证工作，积极培育土地产权交易市场，促进集体土地资源的集中优化配置，实现地尽其利。

第三章　乡镇统筹的治理体系

自从人民公社解体，建立“统分结合，双层经营”的家庭承包经营体制以来，农村组织体制的演变始终没有停止过。比如，村为主体，双层经营；村级虚置，家庭经营；土地流转到社会资本或大户，村级名存实亡；家庭经营弱化，村集体办公司企业，内部按产业进行专业化分工；在城市化中村集体土地被征收，征地款分掉而彻底消亡；多村办联社，“联社+公司企业”；近郊地区的“乡镇级联社+公司制”；社变公司，转为城镇型集体经济等。

根据前两章的论述，未来的农村经济体制发展演变趋势应该是乡镇级集体经济组织日益壮大，进而带动乡域范围内的村级集体经济的发展。在这一过程中，需要建立新的“乡村两级，多层经营，内部封闭，外部开放”的立体式复合型的组织载体，缩小村与村之间发展的差距，形成全镇一盘棋的均衡发展格局。科学、合理地设计乡村两级治理体系，是乡镇统筹均衡发展的核心。

一　统筹方式

乡镇统筹兼有社会功能目标和经济功能目标，主要有镇域统筹、片区统筹与项目统筹三种基本方式。一是镇域统筹。如西红门镇乡镇统筹利用集体建设用地、崔各庄乡成立土地资源联合社、东升镇镇级集体产权制度改革等。二是片区统筹。如旧宫镇将19个村划分为4个片区，每个片区依托一个集体产业项目带动，同时成立乡镇联营公司的分公司。片区统筹比全镇域统筹更易操作，其片区联营公司实际上也是镇一级的。三是项目统筹。朝阳区来广营乡依托原有乡村集体经济组织，建立新的股份合作社，作为乡镇统筹的主体，按照“投入资金自愿、资金使用公开、收益按年兑现”的原则，乡村两级共同出资建设和运营重点产业项目，各村按股分红。卢沟桥乡C9公建项目开发过程中，区位较好而无规划指标村、有指标而区位较差村以及提供资金村进行资源要素整合，建立联营公司，涉及乡镇农工商总公司和6个行政村。项目统筹情况下，社会功能目标会逐渐弱化，村与村的联合更多地向市场机制调节的方向转型。总体上看，统筹方式选择主要受到以下几个因素的影响。

（一）镇域特征

当镇域面积大、村庄数量多、异质性强或靠近城区的情况下，难以实施全镇域范围的统筹。即使成立了镇域统筹主体，也需要分片区成立分公司或子公司，分步实施。像长辛店这样只有9个村的乡镇，往往也难以一步达到全镇域的统筹。西红门镇虽然有全国33个土地改革试点的契机，但是，尚未实现向村级股东及其组织成员的分红。而旧宫镇的南街片区4个村的统筹试点，在中科电商谷项目一动工即兑现了分红。

（二）规划条件

以大兴区为例，主要有四种情况：一是位于城镇规划建成区，可以街区及其外边缘为实施单元进行片区统筹，如大兴区黄村镇的狼垡组团；二是绿化隔离地区往往缺乏规划建设用地指标，可以参照西红门“283”模式进行镇域统筹，也可以片区统筹，如位于一道绿隔地区的旧宫镇北部地区的世界之花项目；三是城镇新功能区，如新航城地区，可能会出现跨镇统筹局面；四是都市农业地区，可由村集体、专业合作社或社会企业等新型农业经营主体直接持有“点状”集体建设用地使用权，一般不需要跨区域统筹。

（三）统筹对象

第一，规划指标。关键看指标来源，如果来自全镇集体建设用地整治改造，就应进行全镇范围的统筹。如西红门镇工业大院改造过程中，成立了盛世宏祥联营公司，按照“283”模式，全镇统筹利用新增规划建设用地指标。

第二，集体资产。如果资产属于镇集体经济组织，就需要进行全镇范围的统筹。东升镇①改制过程中，对镇级集体所属的4个二级公司进行专业化重组，建立了3个分社，总社持有各分社的20%股份，作为各分社的集体股，实现镇级统筹。

第三，混合型。卢沟桥乡C9地块联合开发项目既有对规划建设用地指标的统筹，也有对集体资金的统筹。在这种情况下，统筹范围主要取决于项目联合开发涉及的主体范围。

此外，在跨镇基础设施建设、区级结余指标落地、土地开发融资等环节，还需要加大区级调控力度，如成立区级农村集体资产监督管理委员会与区级集体经济组织，加强监管力度，控制镇级联营公司市场风险，协调镇及联营公司之间的利益关系。

二　乡级主体

乡镇统筹实质是一场深刻的农村经济体制改革，是在工业化、城镇化进入到城乡一体化阶段时，探索集体经济新的有效实现形式，界定乡村两级治理边界，涉及诸多利益关系的深刻调整。要依据乡镇统筹的不同环节、功能和任务，建立健全不同的乡级主体。根据大兴区、海淀区等地的实践经验，乡级主体主要

---

① 原东升乡，2012年由乡建制改为镇建制。

包括决策主体、管理主体、产权主体、经营主体、投资主体、收益主体和民主决议主体等。实际操作过程中，决策主体和管理主体、产权主体与经营主体、收益主体与民主决议主体可以分别合并在一起。

（一）决策主体

决策主体主要负责重大决策与协调职能，发挥中枢神经的作用。组建乡镇党委书记任组长的领导小组，通过专题会议决定大额资金投资、重要人事任免等重大事项。协调职能主要是通过乡镇党委会统筹各相关部门工作步调，指导督促各村党支部推进工作进度。

（二）管理主体

建立乡镇政府主导的工作小组，组长由镇长或乡镇副职担任，组成人员突出专业化，既了解基层情况，又熟悉上级政策，同时还要有协调各部门能力的内行人。主要负责乡镇统筹发展的具体行政管理工作，为乡联社或联营公司提供工作计划统筹、政策资源集成、规划布局调整、相关标准设定（土地折股标准、拆除标准、建设标准、产业准入标准）、基础设施投资和专业化服务六个方面的支撑。

建立健全管理主体，需要进行乡镇管理体制的配套改革（张文茂等，2010）。如加强领导班子建设，党委、政府分工负责，明确职责，形成合力；强化乡镇政府的社会管理职能，市政、城管、街道办事处等城市管理职能，应更快地向乡镇延伸；加大对乡镇财政一般性转移支付力度，提高乡镇政府的统筹调控能力；推进乡镇机构改革，提升相关站所等事业单位的生产、生活公共服务职能。按照农业技术推广、农机修理、养老医疗、环卫保洁、道路养护、平原造林与管护等基础设施和公共服务领域，组织各类非营利性的以自我服务为目的的服务型组织或专业公司，并与社区集体经济组织、公司企业组织相融合。

（三）产权主体

乡土地资源联社或联营公司是乡镇统筹的产权主体，是乡级主体的核心。主要功能是通过建设用地使用权产权主体变更，由各村集体分别持有转变为乡土地资源联合社或联营公司持有，实现土地资源整合，并对各股东进行收益分配。乡级统筹的产权主体主要有两种类型：

一是集体资产的联合，即乡镇级集体经济组织。在乡镇级集体资产规模较大的情况下，一般要进行集体产权制度改革，使集体经济组织成员之间的产权关系清晰化。这种类型一般是在朝阳、海淀、丰台、石景山等城市近郊地区。截至 2016 年年底，北京市已完成了海淀区东升镇、丰台区南苑乡、卢沟桥乡、朝阳区洼里乡等 21 个乡镇级集体产权制度改革。以东升镇为例，在完成 7 个村集体产权制度改革的基础上，启动镇级改制。主要是先对乡农工商总公司、直属专业公司及事业单位按照专业分工和人均集体资产规模均等原则进行资产重组；再进行清产核资、退偿老股金、身份和劳龄界定、预留社员社保基金、资产量化、个人量化份额流转和体制改革七个环节。全镇确认镇级集体净资产 7 亿元。扣除社保基金 6300 万元后进行资产量化。成立了博展、新东源和海升三个乡镇级的股份经济合作社。由于东升镇土地所有权一级所有，乡总社按照 20% 比例持有三个股份分社的集体股（见图 3－1）。

二是集体土地的联合，即土地资源股份联合社。多数乡镇集体资产规模较小，主要是土地资源的联合，各村以集体土地或现状集体经营性建设用地面积入股，成立土地资源股份联合社，实现对土地资源的流转置换与集中开发，收益在镇域范围内共享。按照试点方案，丰台区长辛店镇以现状集体经营性建设用地入股，结合人口规模、腾退规模和绿地贡献率等指标，确立各村股份权重。决议主要由乡土地资源股份联合社理事会决定（见图 3－2）。

（四）经营主体

乡镇集体资产经营公司是经营主体。考虑到具体经营活动中联社缺乏完整的市场主体地位，乡土地资源股份联合社将集体建

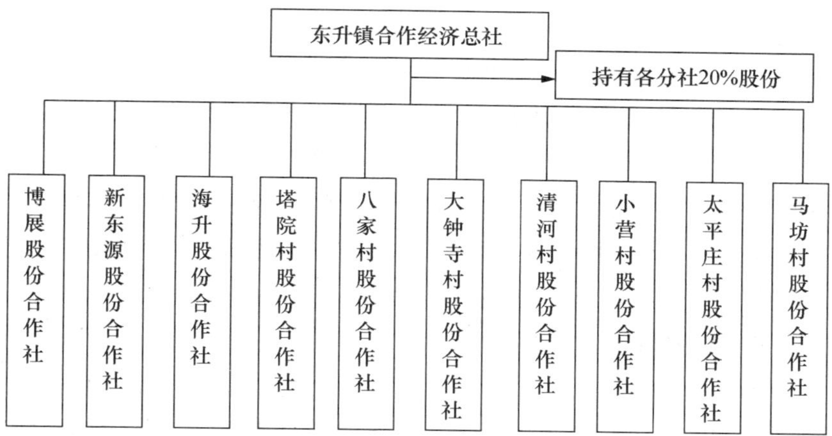

图3－1　东升镇乡村集体经济组织架构

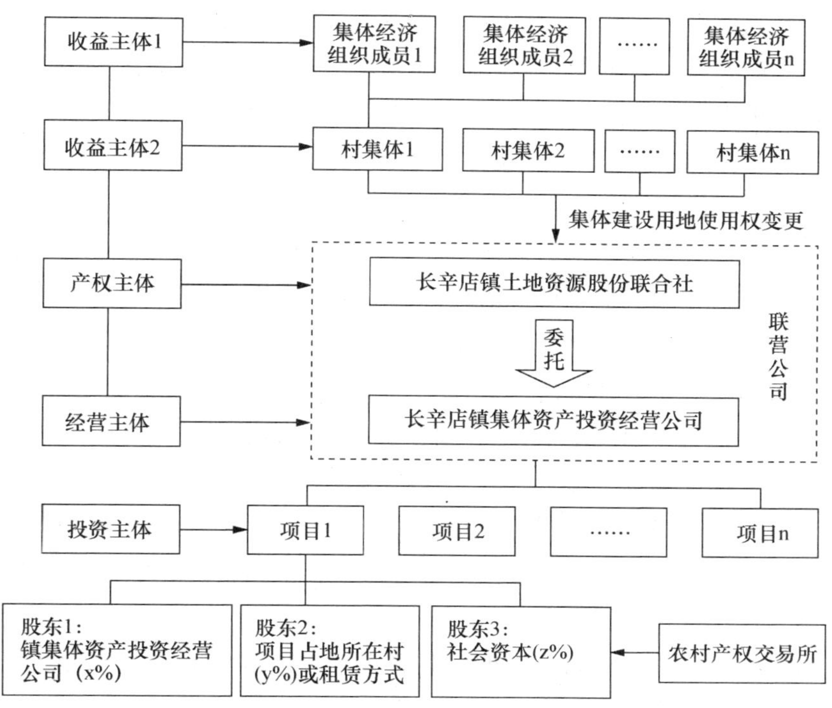

图3－2　长辛店镇统筹利用集体建设用地组织架构

设用地使用权委托至乡镇集体资产经营公司，与市场直接对接，具体负责拆除腾退、项目申报、项目建设、贷款抵押等工作。公司可下设分公司或子公司，分别负责产业开发、绿化建设、小额贷款等，按照市场经济的规则进行经营管理，不受地域限制。为便于操作，大部分情况是组建联营公司将产权主体与经营主体合一，来解决市场对接的问题，如图 3－2 中虚线部分。将来“集体经济组织法”出台后，就有条件将产权主体与经营主体分离。

（五）投资主体

作为经营主体的乡镇集体资产经营公司与项目合作方注册成立新公司，作为投资主体，完成具体的项目申报立项与后期开发建设。投资主体也可以包括项目所在地的占地村。

（六）收益主体

村集体经济组织成员属于收益主体，按照确定的股权关系和收益分配方式获得乡镇统筹利用集体建设用地所带来的收益。一般情况是由土地资源联合社或联营公司将收益转移到村集体，村集体再按照集体产权制度改革形成的股权份额，向集体经济组织成员兑现。

（七）民主决议主体

集体经济组织成员通过民主程序，利用各级民主议事机构，发挥积极作用，实现协同治理，是落实乡镇级集体经济组织与乡镇党委政府之间职能分离的有效保障，是乡镇统筹发展能否成功的关键。需要召开专门会议宣传乡镇统筹的基本内涵，并通过实操性较强的专业化培训，提高基层干部及农民的知识水平。重点在两个层次上分别形成民主决议：一是在乡一级召开人民代表大会，形成乡级民主决议；二是在村一级召开村集体经济股东代表大会和社员代表大会。如果两者身份重合，则召开一个大会，出两份民主决议。

乡级主体的核心是土地资源联合社（乡联社）或联营公司，随着经济规模扩大，会逐渐向专业化方向发展，形成两级多层的乡镇统筹的组织架构。如图 3－3 与图 3－4 所示。

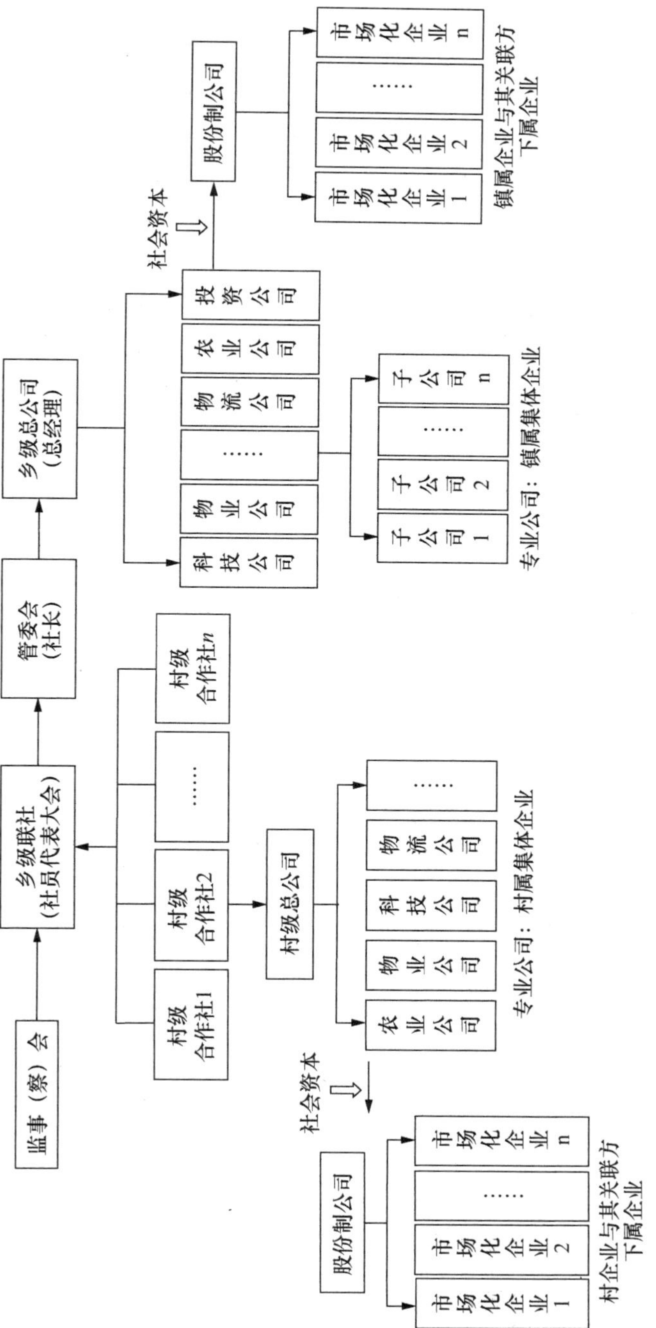

图3－3　乡镇统筹下的“两级所有，多层经营”的农村集体经济微观组织体系（联社）

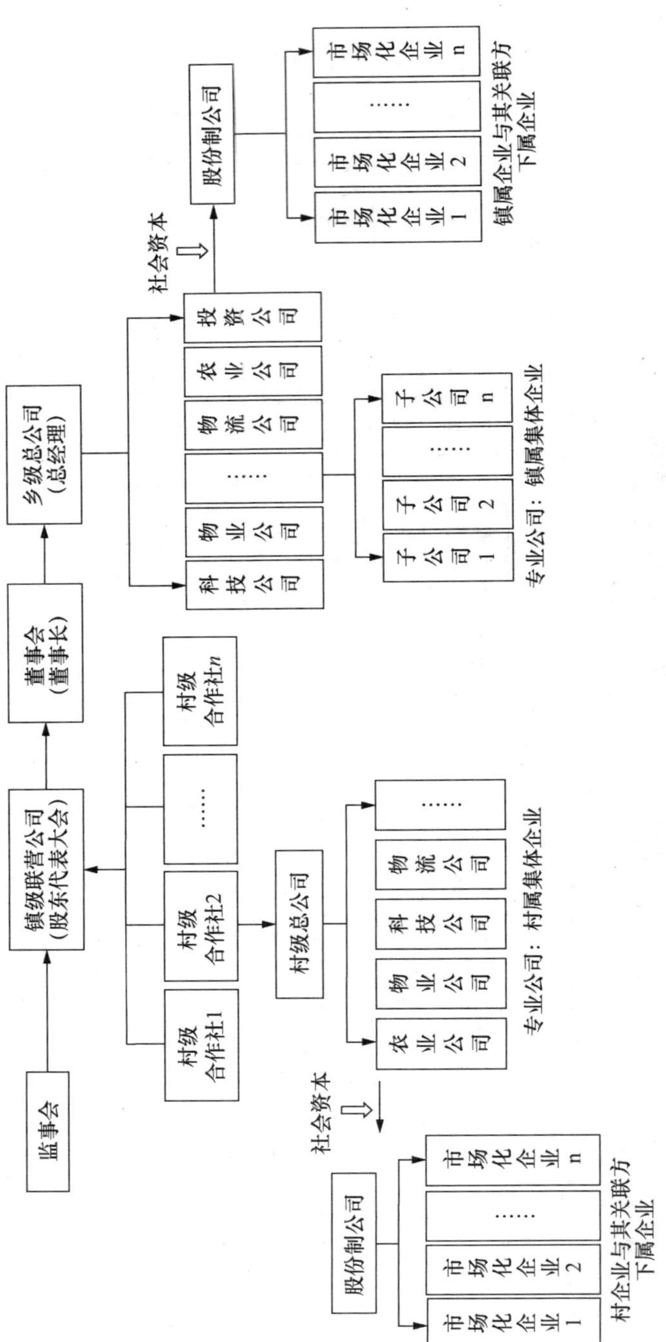

图3－4　乡镇统筹下的“两级所有，多层经营”的农村集体经济微观组织体系（公司）

三　股权结构

股权赋予的依据主要是股东对土地发展权的贡献或其对价，股权结构体现了股东之间的基本利益关系与决策管理机制。实践中主要以集体资金或债权、人口规模、入股土地面积等为入股方式。

（一）统筹集体资产

乡镇统筹中以集体资产作为统筹对象，则按照入股的集体资产确定股权比例。如海淀区东升镇将镇级集体经济组织产权结构划定为集体股和个人股，个人股中又划分为基本股、资源股和劳龄股。

东升镇统筹发展的重点项目是东升科技园的建设。东升科技园一期主要由改制后的博展分社负责，二期开发时则由东升镇总社负责。总社和分社都是在2010年完成乡镇级集体产权制度改革后建立的。股权量化的基本步骤是把全部资产切分为四块：（1）退偿老股金，解决历史遗留问题；（2）预留社保基金，用于社员养老、医疗保险，由各分社专项管理，专款专用；（3）量化给总社，作为集体股，按退偿老股金及预留社保基金后集体净资产的20%比例计算；（4）量化给个人。将个人量化部分分为基本份额、资源份额和劳龄份额三部分，分别占15%、20%和65%。具体计算公式如下：

各分社量化总社的资产份额 =（重组后分社时点净资产 - 预留的社保基金）×20%

个人资产量化总额 = 时点净资产 - 预留的社保基金 - 量化的总社资产份额 = 基本份额 + 资源份额 + 劳龄份额

个人基本份额人均金额 = 基本份额总额 ÷ 享有个人基本份额的人数

个人资源份额人均金额 = 资源份额总额 ÷ 享有个人资源份额的人数

劳龄份额年均金额 = 个人劳龄份额总额 ÷ 总劳龄

个人劳龄份额金额 = 劳龄份额年均金额 × 本人劳龄

（二）统筹规划建设用地指标

主要以规划用地指标来源作为确定股权比例的依据。具体操作中，往往是以人或地量化股权；同时，吸纳部分现金入股或仅以现金入股，实现同人同股同权或同地同股同权，如大兴区旧宫镇、西红门镇和黄村镇等。丰台区长辛店镇拟采取的是“人地结合，人二地一”型的股权量化模式。

1. 旧宫镇以人量化股权模式

南街片区的南街一村、二村、三村、四村统筹集约利用由于工业大院改造新增的规划用地指标，建设“首农·中科电商谷”项目。为实现利益统筹，组建四个村的联营公司。股权比例综合考虑了人口和土地两个因素，按照人均入股资产相等原则，确定各村在联营公司的股权比例，实现了“同人同股同权”。各村入股比例也就是各村人口占四个村总人口的比重，实质是以人量化股权。具体做法参见第五章“旧宫镇片区统筹模式”有关内容。

2. 西红门镇以地量化股权模式

西红门镇成立了镇级联营公司，以村经济合作社作为股东，以合作社法人作为股东代表，参与公司决策和管理，在保障农民保底收益的前提下进行净利润的二次分配。股东采取动态进入方式，最后扩大到全镇范围所有村集体经济组织。村集体将土地使用权量化为股份资金，确定股份份额。参股土地面积以实测土地为准。具体做法：

首先，确定各村入股资金。根据现实土地租金，兼顾区域位置及人均确权面积等因素，核定每亩土地折价标准（见表3-1）。

表 3－1　　西红门镇地价折算标准

等级	租金水平（万元）	折算地价（万元）
1	x≤1.0	7
2	1.0 < x≤1.5	9
3	1.5 < x≤2	11
4	2 < x	15

其次，确定股份份额。按照“同股同价”的原则，股份份额按 5 万元为 1 股核算。其计算公式为：

各村社股份份额 = 入股土地面积 × 核定地价 ÷5 万元

在后续运行过程中，由于新吸收了部分村集体股东闲置资金，形成土地股和现金股构成的股权结构，如图 3－5 所示。

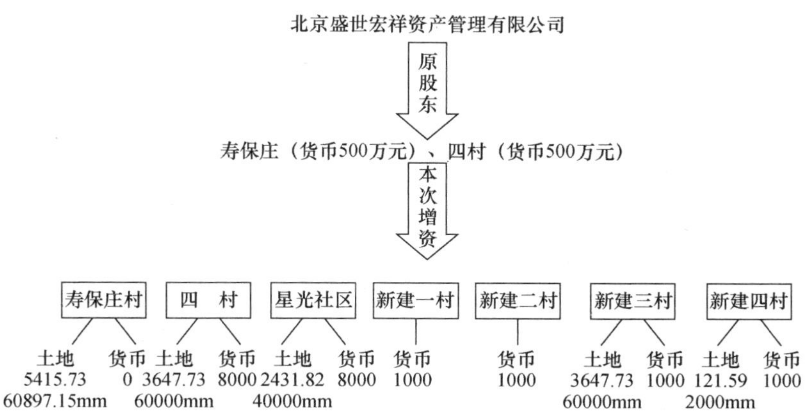

图 3－5　西红门镇联营公司股权结构情况

目前，综合考虑了各类因素后，对股权结构做了进一步调整，如表 3－2 所示。

3. 黄村镇狼垡组团以资金与土地量化股权相结合模式

狼垡组团位于大兴区黄村镇西北部，大部分位于西南五环内。按股权均等原则，成立了由七个村集体组成的联营公司：兴业利民置业有限公司，各村集体的出资方式均为货币。实际上，统筹的也是拆除腾退后七个村共有的规划建设用地指标。而且，在公司章程中明确规定“各股东的股份数额按照狼垡地区各村社所授权委托至本公司的土地使用权面积占规划区域内各村社授权委托至本公司的土地使用权总面积的比例确定”。具体出资比例如表3－3所示。

表3－2　　西红门镇联营公司调整后的股权结构

股东名称	认缴情况		
	出资额(万元)	出资比例（%）	出资方式
寿保庄经济合作社	42660	23	土地使用权
老三余村经济合作社	9300	5	土地使用权
第四经济合作社	44850	24	土地使用权
星光社区经济合作社	44160	24	土地使用权
新建一村经济合作社	18120	10	土地使用权
新建三村经济合作社	8880	5	土地使用权
新建四村经济合作社	17220	9	土地使用权
合计	185190	—	—

表3－3　　狼垡组团联营公司出资比例结构　　单位：万元

股东名称	出资方式	出资额
狼垡一村股份经济合作社	货币	1500
狼垡二村股份经济合作社	货币	1500
狼垡三村股份经济合作社	货币	1500
狼垡四村股份经济合作社	货币	1500
立垡村股份经济合作社	货币	1500
高家铺村股份经济合作社	货币	1500
西芦城村股份经济合作社	货币	1500

（三）统筹资金、区位与规划用地指标

混合型统筹是指依据资金、土地、规划指标等，联合确定联

营公司的股权比例结构。这种方式往往发生在城市化程度较高的地区，乡村集体经济一般具有实力相对雄厚、高端产业项目多、土地资源紧缺等特点。

以丰台区卢沟桥乡 C9 公建项目为例。该项目位于丽泽桥附近，地段土地价值较高，但规划用途为绿地。卢沟桥乡对这个地块项目实施与周边区域的统筹开发。

首先，进行指标、区位的统筹。将属于中都公司（乡农工商总公司）、西局村、六里桥村的 C9 地块共计 14.4 公顷绿地指标，与区位较差的郭庄子、大瓦窑两个村 16.1 公顷的规划产业用地指标进行空间置换。这两个村以实物补偿方式受益，即各村原来的建筑指标有多少，置换后仍补偿多少，其中，按照《征地补偿协议》约定，补偿大瓦窑村建筑面积 25500 平方米，补偿郭庄子村 18480 平方米。对于被征地的三个单位也给予相应的实物补偿，其中，补偿北京卢沟桥中都投资有限公司（原卢沟桥农工商联合总公司）建筑面积 14350 平方米，补偿六里桥村 9000 平方米，补偿西局村 8000 平方米。

其次，进行资金的统筹。各股东按照各方“收益不降低”的基本原则，由三路居和东管头两个村联合出资入股，前述五个主体分别以项目用地或建设用地指标核算出的补偿面积入股，通过债权形式，共同组建新的公司进行项目二级开发。项目建成后，原《征地补偿协议》约定的返还给被征、占地单位的还建房产不再以实物形式返还，而是以债权形式，由还建五方入股金石联合置地公司，成为公司股东，具体股权按照量化后的建筑面积比例确定。吸收后的金石联合置地公司共有七个法人股东，分别为三路居村、东管头村、六里桥村、西局村、郭庄子村和大瓦窑村的集体经济组织及卢沟桥中都投资有限公司，上述七个股东按照股权比例分配股东收益。金石置地公司注册资本约 2 亿元，各股东出资比例及方式如表 3－4 所示。

表 3－4　　　　　　金石置地公司股权结构示意

股东姓名或名称	实际缴费情况		
	出资比例（%）	出资时间（年）	出资方式
村一	28.75	2012	货币
村二	19.17	2012	货币
村三	17.64	2016	债权
村四	12.77	2016	债权
乡集体	9.92	2016	债权
村五	6.22	2016	债权
村六	5.53	2016	债权

最后，实现收益统筹。协商决定股权比例；建成的 23 万平方米物业确权时，不确定各股东物业的具体位置，“不切割产权，只分股权”，实现产权的股权化；股权不得对外转让，只能在 7 个股东之间内部流转。除同意销售的部分写字楼（约 7.5 万平方米）外，其余部分由金石联合置地公司自持，不得对外出售，也不得设定抵押，所有物业由金石联合置地公司或其选定的单位统一管理。

第四章　乡镇统筹的实施路径

自2011年开始，大兴区西红门镇、旧宫镇等地启动了乡镇统筹利用集体经营性建设用地区级试点。主要目标：一是“新人”：促进农民增收，推进社会结构转型。以工业大院改造为重点，通过规划调整，产业升级，促进集体建设用地集约节约利用，壮大集体经济实力，建立农民在城镇化进程中的长久利益依托，稳步推进农村社会结构转型。探索在不征地不转非情况下依托集体经营性建设用地完成农民市民化的新路径。二是“新空间”：缓解人口、资源、环境矛盾的“大城市病”。推进减量发展与城乡环境建设，疏解非首都功能，人地减量，规划还绿。三是“新政策”：形成集体土地集约利用的制度政策体系。关键是在平台搭建、规划审批、产权颁证、抵押融资、市场公开、收益分配等环节进行制度创新，形成一整套可复制的试点经验。

总体上看，就是要按照乡镇统筹的改革思路，把镇级土地资源联合社或联营公司作为核心，瞄准城乡之间、跨村之间权力格局调整这一对主要矛盾，“跨村统权、以地定权、以人分权、以权换资、以市治权、以社平权”，推动体制转型，形成城乡协同治理的均衡发展新模式，在跨村组建联营公司、城乡规划调整、地权体系重建与区域合作金融等体制改革领域取得突破，建立健全适应于农村地区特点的城乡规划与土地管理开发新体制。

一 跨村统权

实施乡镇统筹均衡发展，源于村级集体经济发展空间的不足与不均衡。由于规模、区位、自然资源、人力资源等因素的制约，一些村集体已出现发展不可持续的问题。充分发挥乡镇一级的统筹功能，突破“村自为战”的体制格局，对土地、劳动力、资金、产业发展、村庄改造进行统筹是大势所趋。

（一）动因

创新供地主体。北京市大兴区等全国33个区县集体土地入市三项试点为代表的全国土地制度改革，其核心是改变供地主体，由过去征地模式下的政府垄断式供地转向乡村集体经济组织自主式供地。集体经济组织属于集体土地所有制的社区性合作经济组织，具有社区性、综合性、合作性、稳定性等特征。美国学者施坚雅认为，农村社区的范围是以集市为中心，以其辐射范围为半径的跨村落的区域。改革开放以来，人民公社解体，建立了“统分结合，双层经营”的家庭承包经营体制，跨村统配资源缺少龙头，形成“村自为战”，甚至“户自为战”的发展体制格局。由此导致了三个问题：一是地权碎片化。各村往往只顾及自己的“一亩三分地”，村与村之间资源难以整合，地不能尽其利。大兴区集体经营性建设用地近8万亩，但宗地有4200多块。二是地权不公。村与村之间的发展缺乏有机关联，土地发展权的空间分配差异，导致镇域范围内村域经济的日趋分化。三是村集体经济发展空间受限。特别是在经济薄弱地区，村集体经济缺乏对外部资源要素的吸引力，发展的空间不足，对农户的带动作用日益削弱。大兴区土地改革的特点在于不是简单地由村集体经济组织就地入市，而是打破原有的“村自为战”的体制格局，将原有的各村分散持有的工业大院集中起来，统一规划布局，并成立跨村统筹的新供地主体，异地集中入市。

大都市规划客观上要求进行土地集中管控，探索“村地乡管”的新体制机制。北京市城市规划立足于大都市特点，需要空间集中布局，难以实现村村机会均等。在绿化隔离地区，一些村庄整个被规划为绿地，形成发展空间的“天花板”，需要通过乡镇统筹的方式来解决区域内不同村之间的利益平衡问题。通过乡村集体产权制度改革、乡镇级联社等组织体制建设，搭建乡镇统筹利用集体经营性建设用地的平台，是有效落实大都市规划的重要体制机制支撑。

体现农民主体地位。乡镇统筹的改革实践，涉及农民切身利益，需要充分尊重农民的主体地位，让农民主动参与进来。在村民自愿的基础上，通过履行相应民主程序，各村集体参股镇级集体联营公司，负责工业大院拆除腾退及后续集体产业建设相关工作。

（二）案例

西红门镇27个村的27个工业大院总共10平方公里，分散在每个村。受大都市规划特点的内在制约，27个工业大院不能单独配污水处理厂、变电站，需要集约利用，实现空间布局优化。通过规划调整，10平方公里的工业大院，腾退近8平方公里土地用于还原城市绿地，集约利用两平方公里的土地，集中配置在5个区域（1—5号地）用于发展集体产业，建筑规模由原来的960万平方米变成300万平方米，即西红门“283”模式。为保障村与村之间的利益共享，西红门镇成立了由27个村集体为股东的盛世宏祥联营公司，统筹两平方公里产业用地产生的收益。每个村的入股比例以现状集体建设用地面积为基本标准。

透视西红门镇乡镇统筹的实现形式，主要包括两个层面：一是政府统筹。充分发挥政府在产业定位、编制规划等方面的引导作用，通过加强制度设计、政策制定、舆论宣传等工作推进改革试点工作。乡党委主要负责重大事项的决策与协调，如大额资金投资、重要人事任免等。乡镇政府负责具体行政管理工作，为乡联社或联营公司提供工作计划统筹、政策资源集成、规划布局调整、相关标准设定、基础设施投资和专业化服务等方面的支撑。二是联社或联营公司统筹。主要是打破过去“村村点火、户户冒烟”的村自为战的发展格局，再造农民组织主体与资产资源经营机制，提高农民组织化程度，进行利益关系的统筹，形成乡镇统筹发展的新体制，打造城乡协同治理的新典范。主要职责包括腾退、建设、运营、管理和收益分配，具体业务有贷款抵押、基础设施建设、土地整理、重大项目开发、社区物业服务、生态环境建设等，也可以组建专业公司，如物业公司、休闲农业开发公司、物流配送公司等。

乡土地资源联社与联营公司亟待制度政策层面的规范和支撑。第一，作为产权主体，需要将村集体建设用地使用权变更过来，但缺乏法规政策依据。第二，就乡镇级土地资源联合社而言，缺少工商登记注册的政策支持，对联社组建、存续经营以及终止条件均无明确规定。而联营公司将产权主体与经营主体直接合二为一，又容易引发不可控的市场风险。第三，联营公司的性质是村集体基础上的联合体，属于集体经济，但是，需要按公司法进行管理，不仅联营公司取得收入要缴纳相应税收，村集体经济组织内部分配联营公司红利还要再缴纳红利税，导致在联营公司到村集体收益分配环节的二次缴税问题。

（三）工作流程

不同地区的乡镇级集体经济实力、发展阶段有较大差异，集体积累实力强的乡镇侧重在资产型统筹，集体积累薄弱的乡镇侧重在资源型统筹，或将两者有机结合起来。山区地区更需要加强乡镇统筹，重点是闲置农宅开发利用与发展观光休闲、特色种养殖业等。

乡镇统筹过程中，主要是推进资源型的镇级产权制度改革，做好统筹平台搭建工作，设立程序如图 4 - 1 所示。

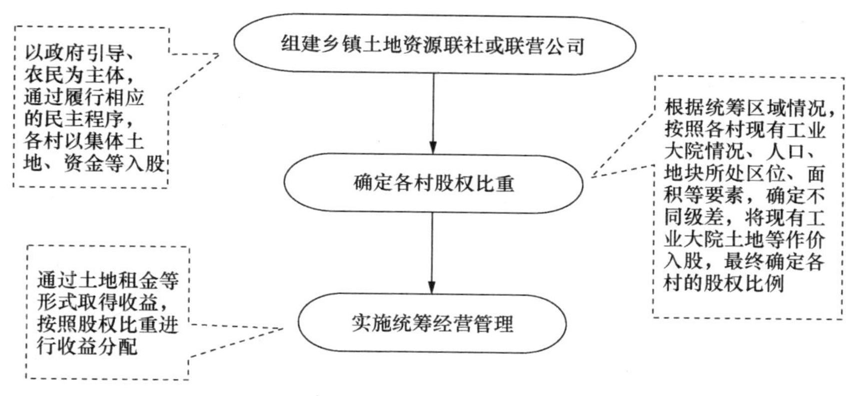

图4－1　乡镇统筹平台搭建流程示意

组建乡镇土地资源联社或联营公司。以政府引导、农民为主体，通过履行相应的民主程序，各村以集体土地入股设立乡镇土地资源联社或联营公司，作为乡镇统筹工作实施平台。其持有集体经营性建设用地使用权证，并负责进行收益分配；乡镇土地资源联社可以将集体建设用地使用权委托乡镇级集体资产经营公司，负责统筹腾退、建设、运营、管理以及收益的分配。其中，集体建设用地使用权按照相应程序登记到土地资源联社或联营公司。集体建设用地的所有权为村集体，除非跨村进行宅基地改造，一般不得转移变更。

确定各村股权比例。根据统筹区域情况，按照各村现有工业大院情况、人口、地块所处区位、面积等要素，确定不同级差，将现有工业大院土地等作价入股，确定各村在乡联社的股权比例。收益分配依据各村现阶段入股土地的价值所占比重进行。

实施统筹经营管理。实行集体土地统筹使用、统筹经营的集体经营机制。乡联社或联营公司通过土地租金或将集体建设用地使用权按市场原则作价入股形式获取收益。集体建设用地使用权及房产证将由项目公司持有。在保障风险可控的前提下，可以将集体建设用地使用权的未来收益质押，进行自主开发。

考虑到一些地区乡镇级集体账面资产较多，还存在集体积累性资产的量化问题，具体实施过程类似于村集体产权制度改革。实际上，乡镇级资源型集体产权制度改革也要参考该操作流程。

首先，准备阶段。具体包括：提出申请，上报审批；建立改制工作领导小组；设立乡镇集体经济组织产权制度改革办公室；做好培训工作。

其次，实际操作阶段。具体包括：广泛宣传动员；全面清产核资；认真资产评估；确定集体经营性净资产、资源性资产；清查户口和统计劳动力农龄；起草乡镇集体经济组织章程（草案）；处置原始入社股金；处置原集体经济组织成员应享有的集体资产；界定产权，认股招股；做出改制决议；发放股权证书；制定管理制度；提出领导班子人选。

最后，成立及后续工作阶段。具体包括：召开成立大会；选举主要领导；办理注册登记，领取营业执照；举行乡镇集体经济组织揭牌仪式；做好改革档案文件的归档、立卷工作。

二　以地定权

城市地区已有一套完整的土地利用规划编制、审批及实施的标准和流程。城市边缘地带，大多属于城市增长边界之外的非城市化地区，发展方向是城乡一体化，还没有一套专门的土地规划管理体制和制度政策。如果参照“一绿”地区劳均50平方米建筑面积的固定比例进行审批，将造成苦乐不均，大部分地区难以实现资金平衡。势必会弱化区镇村推进“规划还绿”、疏解非首都功能的主动性和积极性，亟待建立城乡有别的规划管理体制。在非城市化地区土地级差地租较低，且区域之间差异较大，要变“以人定权”的固定标准为“以地定权”的弹性标准，根据工业大院改造地区的土地利用实际情况，确定规划建设用地指标的标准。如结合未来规划产业用地类型倒算拆除腾退及劳动力安置的资金平衡用地需求量获得基准指标，然后再按一定比例设定奖励指标。

（一）动因

农村地区过去由于制度建设相对滞后，现状建设用地缺乏规划支撑，发展不规范，随意性较大，农村集体土地利用效率较低，形成“一放就乱”的局面。自从2008年《城乡规划法》实施以来，对非城市规划建成区加强了规划审批管理，城市管理体制向农村延伸，一些地方又出现了“一管就死”的问题。主要有三个方面的原因：

其一，审批层级多，信息不对称，管理部门无法获得农村地区的真实情况。村庄整治规划原则上由区（县，下同）级规划部门审批，但实际操作中要由区政府上报市级城市规划管理部门核准。由于人力配备不足、行政管理体制不顺等因素，审批效率无法满足现实发展的需求，审批项目往往被搁置若干年而不决。

其二，空间发展权标准过于刚性，未充分考虑区域差异性。集体产业用地规划标准上，主要参考城市管理标准，如将“一道绿隔地区的人均50平方米建筑面积”标准简单扩大化属于典型的工程式思维。由于地区之间发展阶段的差异和区位差别，相同的规划标准容易导致地区之间的分配不公，一些发展条件较差的地区由于不能实现资金平衡，旧厂房、养殖场难以得到及时改造，“小、散、低”现象难以根除。

其三，城市标准忽略了既成事实。在现状集体建设用地与规划集体建设用地之间形成了巨大的缺口，大量的集体建设用地处于规划绿地上。2011年，北京市集体建设用地约1536平方公里，远远超过2020年土地利用规划确定的730平方公里和城市总体规划确定的300平方公里。这些集体建设用地成为疏解非首都功能、实现减量发展的主要对象。

打破“治乱”恶性循环，关键是需要给农民一个出路，在规划标准上做到因地制宜，城乡有别。1965年，美国学者伯库克提出了规划单元整体开发的理念，目的是规避土地细分，宗地分别依据绿地率和容积率等建筑的缺点，整合一地段，整体规划，依土地的地形等因素及开发目的，在总管制密度、容积目标下，弹性有效地配置发展权（建筑物及空地位置），通过整体开发建设，使土地更加合理有效利用，塑造良好景观。

（二）案例

卢沟桥乡 C9 地块开发、大兴区西红门镇工业大院整体改造、海淀区东升镇科技园区建设、旧宫镇片区联营乡镇统筹开发等，其核心点在于围绕现有土地资源研究发展权的实现形式。

不同于一道绿隔地区按照人均 50 平方米建筑规模的标准，西红门镇对镇域范围进行整体规划，充分发挥农民主体作用，按照“拆十留二绿八”的拆占比，形成了以现状集体建设用地规模赋予土地发展权的新规划标准。西红门镇通过工业大院改造升级，两平方公里的镇级统筹产业园区，按照每天每平方米 1.5 元计算，年租金收益为 10 亿元，是原 10 平方公里年租金收益两亿元的 5 倍。而从西红门镇 40 亩上市地块来看，比起拍价翻了一番，溢价近 4 个亿，这些与前期规划标准的调整是分不开的。

大兴区按照乡镇统筹的改革思路，组建联营公司，通过村集体建设用地使用权的变更和集中，实现了空间发展权的有效集中，提升了集体土地对高端资源的吸引力，解决了过去由于缺乏政府认可导致的农民市场地位缺失问题。在管理方式、方法上已经与传统的城市土地规划管理体制发生了实质性变化。既考虑各村集体发展的要求，也符合大城市规划集中建设与管理的特点，证明了新体制的正当性和实用性，是规划管理体制上的一场革命。

以地定权涉及三个层面的问题：一是地权标准。编制和指导村庄整治规划，破解人均规划建设用地指标规模的确定方法及依据，明确集约利用集体建设用地的标准。二是地权来源。通过集约节约集体建设用地或从城镇建设用地指标划转，解决建设用地指标来源问题。三是地权布局。科学、合理布局集体建设用地指标，实现规划之间的相互衔接，提高资源配置效率。

（三）工作流程

工作流程主要涉及规划、国土部门与区政府相关部门。“政府许可，才能市场认可。”通过加强集体土地集约利用项目审批的方式，提升集体土地对高端资源的吸引力，解决过去由于缺乏政府认可导致的农民市场地位缺失问题。

核心机制是“以增促减”，即实施新增规划建设用地指标或新增容积率的奖励，实现现状人口和用地规模的减量。依据城市总体规划、新城规划等上位规划，坚持城乡一体化发展，统筹人口、产业发展、空间布局、土地利用、环境建设等规划，创新理念，科学定位，综合考虑镇域集体建设用地分布、区域承载等因素，科学布局产业园区，打造组团式产业发展新格局。

要在乡镇统筹基础上，编制村庄整治规划方案，实现规划调整，主要有以下八个步骤：

第一，成立区政府领导的专项小组，组织开展村庄整治专项研究。

第二，编制镇、村或片区工业大院改造实施方案。经区委区政府审核后，由区政府向市规划管理部门呈报方案并提请支持。根据反馈意见，修改完善方案，至方案通过。

第三，由镇政府委托规划编制单位完成村庄整治规划，由区政府向市规划管理部门申请报批村庄整治规划。

第四，审查村庄整治规划。市规划管理部门组织相关部门召开专题技术审查会，出具《会议纪要》，原则同意规划方案，提出进一步修改完善意见，并请区规划分局协调有关部门完善方案。市规划管理部门下发《关于××区××镇（××村）村庄整治规划的审查意见》的函，原则同意规划方案。

第五，镇（村）根据村庄规划编制、审批相关程序，对规划方案进行公示，为期1个月。

第六，镇（村）根据村庄规划编制、审批相关程序，召开村民代表大会，通过规划方案，并出具会议证明。

第七，区政府发函批复村庄整治规划。

第八，规划实施。

综上所述，村庄整治规划方案编制流程如图 4－2 所示。

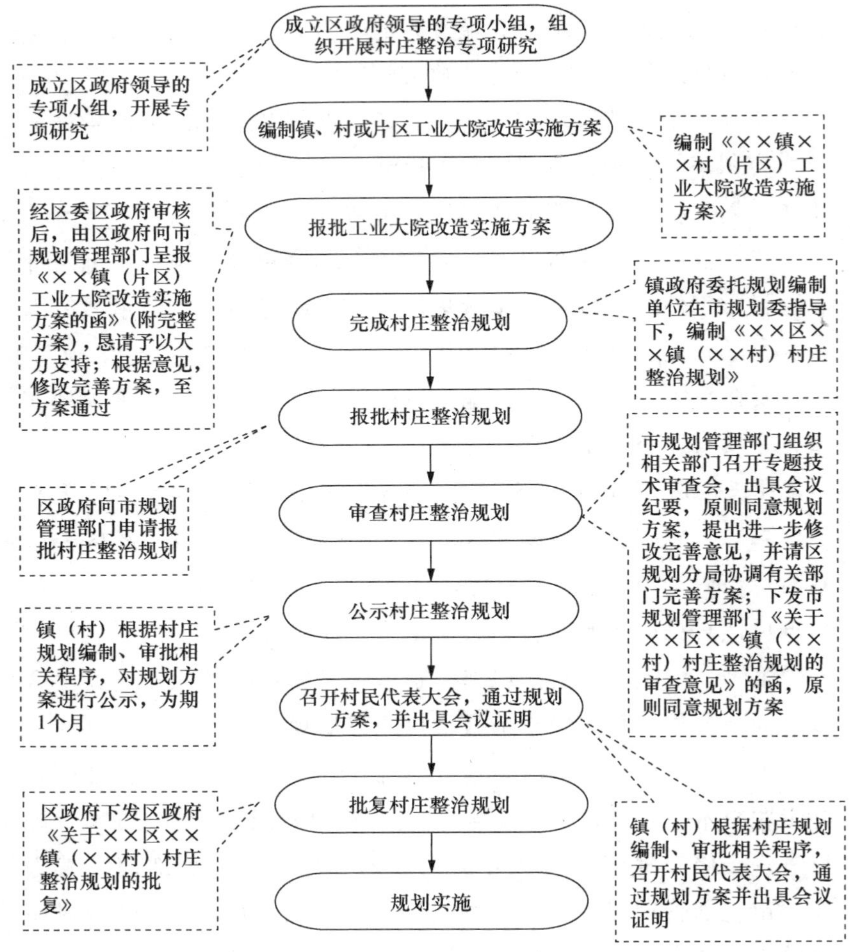

图 4－2　村庄整治规划方案编制流程示意

（四）配套政策

参照广东、上海、台湾等地经验，针对整治改造的具体奖励措施主要包括规划用地指标奖励和容积率奖励两种形式。

1. 规划用地指标奖励

借鉴广东经验，奖励规划用地指标测算方法为：

人均集体建设用地面积 =（现状用地中产生于某一时点前的规模 + 该时点后产生的合法用地规模 + 该时点后产生的违法用地规模 × 调控系数）/现状农村户籍人口

其中，“某一时点”原则上可以 2009 年“二调”结束时间点为准。调控系数（属于 0—100%）的确定取决于该地区违法用地比例。违法用地比例是指某一时点后新增的建设用地中违法用地的比例，该比例越高，调控系数越小；比例越低，调控系数越大。考虑到违法用地性质，可以设定一个调控系数的上限。

该计算方式对某一时点前的违法用地及之后的部分违法用地认定为合法，调动区镇村各级实施减量发展的积极性。可以结合容积率奖励和容积率转移等方式，实现人均集体建设用地规模的进一步减少。

2. 容积率奖励

容积率奖励政策可以借鉴中国台湾地区的经验。1998 年，台湾地区陆续颁布了“都市更新条例”“都市更新建筑容积奖励办法”“台湾省都市更新地区奖励容积率实施要点”等，规定了对于都市更新工作区域范围内的建筑，依据都市更新事业需要，给予适度的建筑容积奖励。奖励上限的基本要求是奖励后的建筑容积规模不得超过该区域建筑基地法定容积的 1.5 倍或该区域法定容积的 0.3 倍加原建筑容积。台湾地区都市更新容积奖励政策已经比较成熟，可以作为我们学习借鉴的对象。

“台北市都市更新实施办法”第三十三条中对容积奖励规定详尽清晰，其计算公式为：

$$V = V_0 + \Delta V_1 + \Delta V_2 + \Delta V_3 + \Delta V_4 + \Delta V_5 + \Delta V_6$$

其中，V 表示放宽后的总容积；V_0 表示基准容积；ΔV_1 表示公共开放空间容积，依据用途管制规划确定；ΔV_2 表示配合更新期限奖励容积，$V_0 \times 0.05$；ΔV_3 表示提供公益设施使用的奖励容积，基准为公益设施的楼地板面积；ΔV_4 表示妥善安置现住户（尤指违建密集住宅区）使用的奖励容积，以原楼地板面积核计；ΔV_5 表示经台北市行政当局审核具有保存维护价值建筑物的奖励容积，以用于保存部分楼地板面积为准；ΔV_6 表示依都市更新规划环境影响评定正负给予的容积增减。

容积奖励基准上限为：

$V = (V_0 \times 1.5)$ 或者 $V = (V_0 + 200\% \times$ 基地面积$)$

3. 增减挂政策与规划导则相配套

由规划国土部门制定建设用地指标与现状集体建设用地的减量规模的基本规则。参照《北京市城乡建设用地增减挂钩试点管理办法》，拟订村庄整治改造规划导则及全市性的指导性实施方案。

4. 财政奖补

由市区两级财政部门设立减量发展奖励基金，每拆除腾退一亩绿地，财政奖补 20 万元。对于未能按照原计划实现规划还绿的，制定相应的惩罚措施。市财政部门建立项目前期融资担保机制。市经信部门按照 320 元/平方米标准落实企业淘汰落后产能补贴政策。市流动人口管理等相关部门结合流动人口减少情况给予相应货币补贴。

三　以人分权

以人分权实质是确定不同“主体”之间的产权关系。按照市场经济国家或地区的一般经验，均以地权为核心建立土地制度，通过市场运作实现资源有效配置。这与中国以地政（行政执法管理）为核心而地权发育滞后的土地制度是恰好相反的。实现地政向地权的基础性制度转变，是集体经营性建设用地改革的题中应有之义，也是有效发挥市场配置资源作用的客观要求。

（一）动因

由于现状集体建设用地在利用上缺乏规范清晰的地权体系支撑，主体（处于土地市场链条不同位置的法人或自然人）之间产权关系不清晰。一是国家与集体之间。集体经济组织获取的出租收入，政府往往无法通过税收等途径获取相应收益，而政府又承担了市政基础设施的支出。二是村集体经济组织之间。一些村承担了大量绿化任务，另一些村则直接被规划为建设用地，彼此缺乏利益“关照”。三是村与镇之间。镇政府统筹土地资源配置容易直接介入经济事务，缺乏一个独立的利益载体发挥作用。需要建立规范的地权体系，保障集体经济组织对集体土地的所有权和使用权，盘活地上建筑房产，吸纳高端资源要素进入，推进产业升级改造。

以人分权，就是要重塑产权主体、经营主体和投资主体的功能和作用，建立清晰的农村集体产权关系，实现地权结构的联合与重组，从而健全土地产权主体与资产资源经营机制，促进土地资源在乡镇范围内的集中优化配置。土地资源联合社是对集体土地资源的联合，是产权主体，可以委托镇集体资产经营公司作为经营主体，或直接成立产权主体与经营主体合一的联营公司。镇集体资产经营公司或联营公司可以与社会资本进行联合投资，组建投资主体，共同持有集体建设用地使用权证与项目房产所有权证或相互签订租赁协议。

按照现有法律规定，集体建设用地必须转为国有，才能进入二级市场流转。在没有土地变性的情况下，集体土地没有国有土地使用权证，难以拿到房产证，影响到企业经营、工商登记、税收管理、融资抵押以及公共服务等一系列问题，既限制了入园企业的质量提升，又影响了园区周边土地建设的综合配套。

（二）案例

北京市国土局专门为大兴区西红门镇、旧宫镇区级试点出台了确权颁证政策。允许先将集体建设用地所有权证、集体建设用地使用权证颁发到项目所在地的各村，再通过产权变更，将集体建设用地使用权证登记到镇级联营公司名下。地上商业设施由投资商施工建设和经营，房产产权或收益按协议与投资商切分。当然，联营公司持有集体建设用地使用权的同时，拥有了集体建设用地的经营权，在市场运行过程中，存在经营权与使用权之间的风险传导问题。为更好地保障农民和集体的权益，可以探索通过土地资源联合社与集体资产经营公司分别持有集体建设用地使用权和经营权的办法来解决，为农民和集体的利益提供一道防火墙。

旧宫镇先将集体建设用地使用权证颁发到项目所在地的南街一村、四村，再通过产权变更，将集体建设用地使用权证登记到镇级联营公司名下。最后，通过租赁方式实现集体建设用地市场化。联营公司获得 15 万平方米虚拟房产的未来收益。

海淀区东升镇的中关村东升科技园成立于 2012 年 7 月，规划面积 3.78 平方公里，总建筑面积约 300 万平方米。2013 年 9 月东升科技园一期项目正式取得由市住建委备案、区建委颁发的北京市首批集体建设用地房屋所有权证。

（三）工作流程

该项工作主要涉及国土与住建部门。基本内容是完成集约利用后的土地与房屋的确权工作。重点是确立集体土地的所有权和使用权，并参照不动产登记的相关规定，投资主体享有相应的房屋产权收益。通过与投资企业股权合作、租赁等方式，吸纳高端要素进入。房屋所有权证持有年限参照国有商业用地 40 年和国有工业用地 50 年标准。集体建设用地所有权为村集体，不得转移。

确权颁证主要环节是集体建设用地所有权证由村集体持有，

使用权证颁给镇土地资源联合社或联营公司。具体流程如图4－3所示。

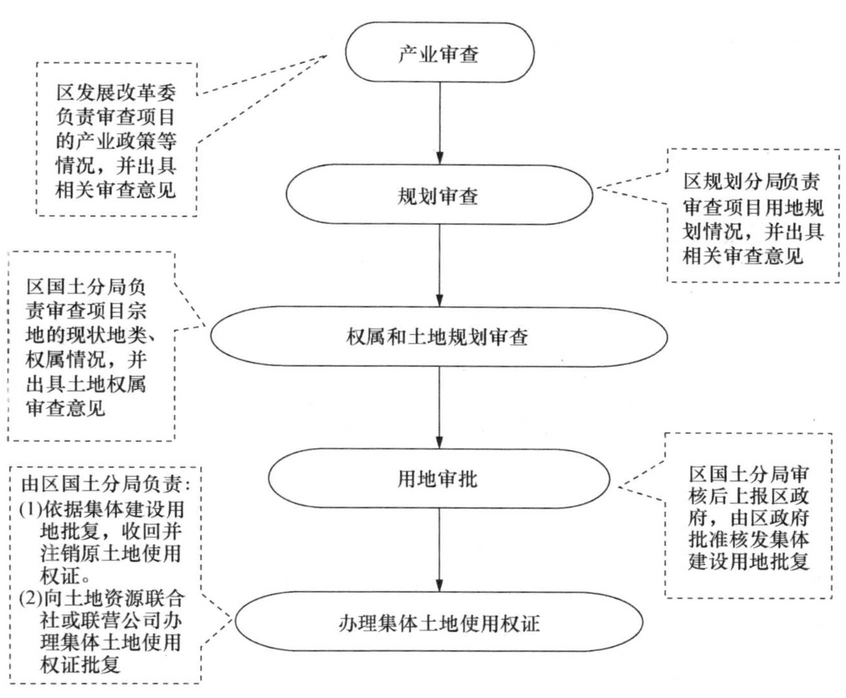

图4－3 集体土地使用权证颁证流程示意

第一，产业审查。由区发展改革委审查集体产业项目的产业政策等情况，并出具相关审查意见。

第二，规划审查。由区规划分局审查项目用地规划情况，并出具相关审查意见。

第三，权属和土地规划审查。由区国土分局审查项目宗地的现状地类、权属情况，并出具土地权属审查意见。

第四，用地审批。区国土分局审核后上报区政府，由区政府批准核发集体建设用地批复。

第五，办理集体土地使用权证。由区国土分局依据集体建设用地批复，收回并注销原土地使用权证，再向土地资源联合社或联营公司颁发集体土地使用权证。

集体土地上房屋所有权证颁发给土地资源联合社、联营公司或投资主体（集体建设用使用权证作同步变更），主要经过六个步骤，如图 4 －4 所示。

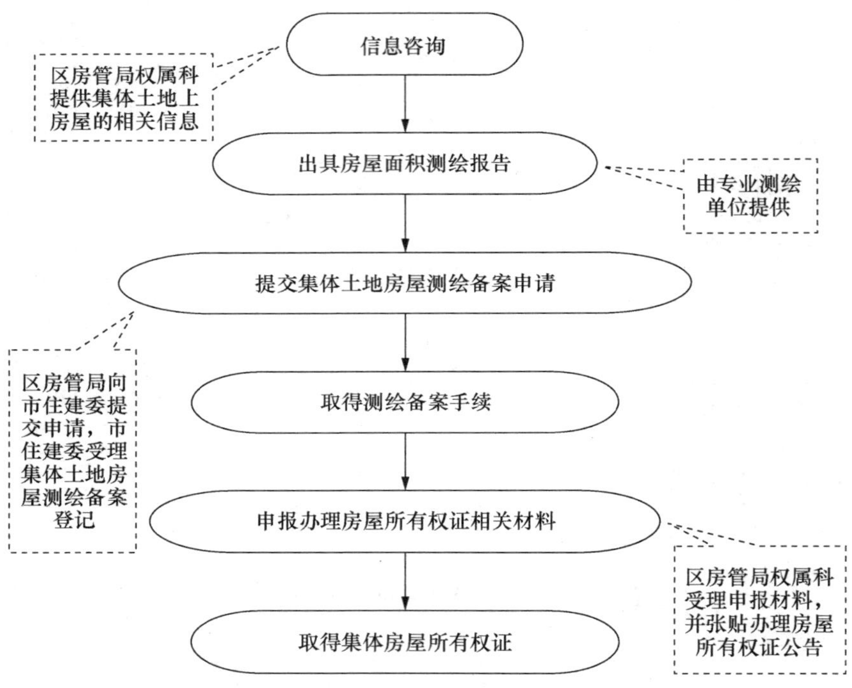

图 4 －4　集体土地房屋所有权证颁证流程示意

第一，信息咨询。区房管局权属科提供集体土地上房屋的相关信息。

第二，出具房屋面积测绘报告。由专业测绘单位提供。

第三，提交集体土地房屋测绘备案申请。区房管局向市住建委提交申请，市住建委受理集体土地房屋测绘备案登记。

第四，取得测绘备案手续。

第五，申报办理房屋所有权证相关材料。区房管局权属科受理申报材料，并张贴办理房屋所有权证公告。

第六，取得集体房屋所有权证。

四　以权换资

乡镇统筹利用集体建设用地在完成融资环节以后，就可以进入施工建设阶段，以权换资标志着乡镇统筹试点工作的基本完成。除大兴区借助全国集体土地入市试点可以实现市场化融资外，大部分地区在融资环节都面临着诸多困难，是乡镇统筹的真正难点所在。

（一）动因

由于农村集体土地权能不完整，存在着难以抵押、抵押贷款估值偏低等问题，而集体土地集约利用与土地整治往往需要大量资金的投入。推进土地整治改造和产业升级，就需要引入社会资本，往往会将大部分利益让渡出去，农民和集体利益难以保障。一是经营项目合作层面，土地估值偏低。如在以地入股联营过程中，集体经济组织与社会资本分成比例经常出现的是“三七”或“二八”，很少出现“五五”。二是产权主体层面，集体经济组织缺乏主导性。一些乡镇被整体打包与一家大公司合作，由公司来主导镇域规划与集体土地整治改造，农民和集体丧失供地主体地位。如在持有集体建设用地使用权的乡镇联营公司的股权结构设计上，本来只有村集体经济组织才具有股东身份，如果让社会资本直接成为联营公司股东，就改变了联营公司的集体经济组织性质。

（二）案例

大兴区西红门镇、旧宫镇试点中，为满足集体经营性建设用地入市所需的土地整理、拆除腾退、复垦还耕、城市还绿、基础设施等累计近千亿元的资金需求，进行了多项金融创新。一是明确抵押权。以集体经营性建设用地入市后未来收益作为抵押，设计专项金融产品。通过专业评估后，在土地整治阶段即可获得相应贷款。二是整合政策资源。大兴区作为全国农村金融改革试验区，引导7家金融机构组建“银团”，利用村镇整治建设贷款、小城镇建设基金等为西红门镇城乡接合部改造一期、二期，旧宫镇南小街等项目授信40多亿元。三是引导社会参与。在保障集体经济组织主导开发的基础上，鼓励和引导社会资本合作开发。建立社会资本进入退出机制，规范参与形式、利益空间和利益取得方式，确保集体经济组织成员收益权。

通过上述办法，大兴区打开了集体经营性建设用地整理开发、建设和经营“三块钱”的金融通道。国家农业银行等金融机构出台了暂行办法，“银团”组织与黄村等4个镇已达成借贷意向。2016年，黄村镇联营公司获得北京农村商业银行贷款34亿元，贷款期限1年，利率为基准下浮0.05个百分点，有效地解决了黄村镇狼垡地区拆除腾退一期融资需求。

随着试点工作的不断深入，考虑到大兴区南九镇与北五镇经济发展差距的现实，为保障全区集体土地整理的资金需求，按照“区级调控”的思路，启动了全区性的集体建设用地整理基金筹备工作，建立区级的公共资金池，与区级规划建设用地指标库统筹安排，通过“一库一池”，加快推进改革试点工作。

东升科技园，为实现房产证抵押融资，经与多家金融部门反复协商，把持有国有房产证的锦秋国际大厦和园区内持有集体建设用地房产证的11栋房产捆绑在一起，进行整体抵押。由中国民生银行落实经营性物业贷款5亿元，期限为10年，分期到位，利率在标准利率的基础上上浮10%。2014年，先期到位资金2.2亿元，主要用于清偿银行贷款以及物业经营。东升科技园集体土地性质房产证试点抵押贷款，尽管只实现了“同权”，未实现“同价”，但为未来集体建设用地广泛参与城镇化进程打开了想象空间。

（三）工作流程

该项工作主要涉及金融局、银行等金融部门。通过金融部门的认可，集体土地上的房屋以未来预期收益进行抵押融资，并逐渐由同地同权走向同权同价，破解试点项目资金平衡问题，让农村资源拥有完整的市场价值。集体土地房屋房产证抵押融资流程如图4－5所示。

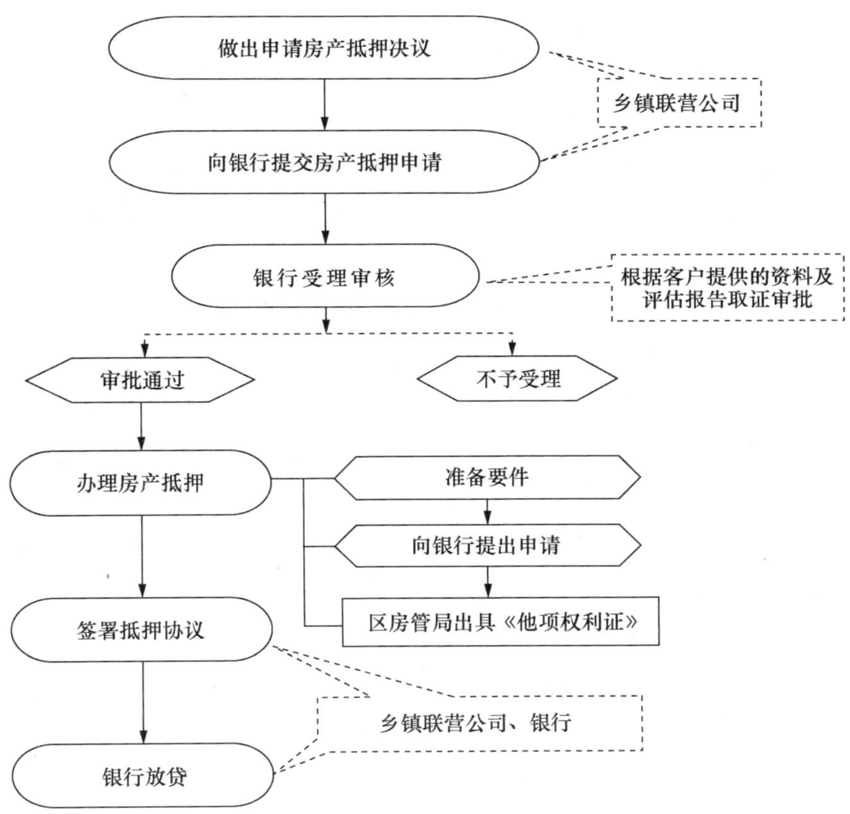

图4－5　集体土地房屋房产证抵押登记流程

第一，由乡镇联营公司做出申请房产抵押决议（或由乡镇土地资源联合社委托乡镇集体资产经营公司提出申请并完成后续工作）。

第二，由乡镇联营公司向银行提交房产抵押申请。

第三，银行受理审核。银行根据客户提供的资料及评估报告取证审批。

第四，办理房产抵押。审核通过后，由乡镇联营公司准备相关要件并向银行提出办理房产抵押申请，区房管局出具《他项权利证》。

第五，签署抵押协议后，银行放贷。

完成了抵押融资后，即可进行项目建设，乡镇统筹利用集体建设用地的主体工作可以宣告结束。但是，就整体项目运营而言，后续还需要有“以市治权”和“以社均权”两个重要环节，分别解决社会资本方的竞争性引入与土地增值收益合理分配两个关键性问题。

“以市治权”，就是集体建设用地及集体产业项目通过市场机制进行运作，在选择投资主体环节上发挥市场的决定性作用。

直接交易环节的公开、公正、公平。通过有形的公开市场平台，保证土地使用权交易和产业项目引进程序规范，而不是搞“拉郎配”，直接由区政府、镇政府跟企业去谈。核心是要通过市场交易平台，由农民进入市场来解决。

提升集体资产监管水平。为避免集体土地交易过程中在税收、分红、提取公积金等环节出现跑、冒、滴、漏现象，通过集体土地项目洽谈、交易及数据公示，实现集体土地交易形成的税金扣缴、财务监管过程中资金流向和各环节信息的全流程公开，提高集体资产的经营管理水平。

扩大交易范围和内容。打通镇域内村集体之间以及不同镇之间各类集体资产的可交易。探索乡镇联营公司之间集体资产使用权的可交易，“资源变资产，资产证券化”。要细化研究通过市级农村产权交易所有效监管集体资产的具体办法。

“以社均权”，就是通过对地利的合理切割，实现土地平权，解决好集体建设用地集约利用后的增值收益分配问题。乡镇统筹的改革思路，实际上是美国的土地发展权转移（TDR）、英国的发展权国有化（开发捐）以及中国台湾地区的农地变更使用税的一个综合。以西红门镇集体土地入市试点为例。

让农民通过土地入股，组建产权主体，建立健全农民分享增值收益的科学分配机制，平衡各村之间的利益分享关系，是土地发展权在镇域单元范围内局部地区的转移。

采取“留 2 建 3 绿 8”的模式，80% 面积的绿化，相当于为获取 20% 面积的建设用地而缴纳的农地变更使用税或购买土地发展权，税率相当于 80% 。

40 亩地入市环节缴纳了地价 12% 的土地收益调节金，名义上没有土地增值税。由于这些土地是满足还绿 80% 条件的情况下获取的，实际上已经缴纳了土地调节金，因而这里“12%”的土地调节金实质乃是土地增值税。土地增值收益分配是集体经营性建设用地入市面临的一个复杂问题，关键是要在理论上有清晰的把握，而不是简单地基于感性的判断或经验性的比照来制定政策。

第五章　乡镇统筹的典型案例

为破解人口、资源、环境矛盾的“大城市病”难题，促进减量提质和农民增收，实现城乡一体化，2011 年以来，北京市积极探索乡镇统筹集约利用集体经营性建设用地的新路径、新模式。前后经历了三个阶段的试验探索，形成了若干鲜活的典型案例。

第一，区级探索阶段。以大兴区西红门镇、旧宫镇和海淀区东升镇为代表，属于乡镇统筹的开先河之举。西红门镇试点主要有三个特点：一是整体改造，联营联建，改变了农村发展的体制模式；二是“以增促减，现状减量”，改变了村庄规划标准；三是循序渐进，降低成本，先拆除工业大院，再根据城镇化阶段适时解决宅基地整治问题，改变了过去大拆大建的改造模式。

第二，市级试点阶段。自 2013 年 5 月以来，北京市农研中心与北京市规划院牵头，在二道绿化隔离地区选取“五区六镇”开展乡镇统筹利用集体经营性建设用地试点工作，进一步探索完善了乡镇统筹利用集体建设用地的工作机制和实现路径。

第三，扩大试点阶段。自 2017 年 4 月以来，由北京市农委、市规划国土委牵头，市农研中心、市规划院等相关部门参与，在联合起草《北京市乡镇统筹利用集体产业用地试点工作方案》和《关于统筹利用集体建设用地政策的有关意见》的基础上，推进朝阳区金盏乡等 13 个区、13 个乡镇的扩大试点工作。

一　东升镇自建自营模式

城乡接合部，一直以来都是农民市民化问题最为突出的地区，由于农民自身就业技能的缺乏，丧失土地后就业和收入来源不稳定，难以融入城镇。但是，在一定的产业、政策和体制条件下，也往往是最先实现农民“带资进城”，完成社会转型的地区。海淀区东升镇以集体经济组织为主体自主开发集体建设用地，以中关村东升科技园为龙头，统筹解决农民安置、产业发展、土地开发、环境改善等问题，实现了北京市“十二五”规划中提出的“率先形成城乡经济社会发展一体化新格局，率先形成创新驱动格局”的“两个率先”的有机统一，对于探索农民“带资进城”的市民化路径选择与制度安排提供了可贵的实践经验。

（一）主要做法

东升镇位于海淀区东部，整个镇域南至西直门，北至西三旗，东与朝阳区相连，西以中关村大街为界，镇域总面积54.6平方公里。全乡现有集体土地约14400亩，仅占镇域面积的17.6%。东升镇股份经济合作总社下辖塔院、八家、清河、马坊、小营、大钟寺、太平庄七家村级分社和新东源、博展、海升三个镇级分社。东升科技园一期位于海淀、朝阳和昌平三地交界的小营村，由博展股份经济合作社为主体开发建设。二期、三期由总社统筹开发建设。具体做法：

1. 自主开发集体建设用地

东升科技园建设项目是在原首规委批准的《东升乡小营搬迁企业工程》项目基础上，按照建设高科技园区的要求重新规划、改建的。园区一期项目用地过去是东升镇锅炉厂、印刷厂、拔丝厂等乡镇老工业企业的所在地，原规划为工业小区，拟将分散的城区内的东升镇乡镇企业全部搬迁至此。随着中关村核心区建设步伐的加快，高投入、高能耗、高污染、低产出的传统乡镇老工业企业已不再符合区域功能定位。2009 年，东升镇重新定位该地区发展远景规划，关闭乡镇老工业企业，先期腾退、整合出产业用地 120 多亩，利用集体自有用地规划建设高科技产业园。东升科技园保留集体建设用地产权性质不变，形成了“自主投资、自主建设、自主管理”的发展模式。园区规划总占地面积约 1000 亩，规划总建筑面积约 120 万平方米，所用土地均为东升镇集体建设用地，最初规划分两期建设：一期占地面积 300 亩（其中，经过规划调整，将园区周边 200 亩垃圾堆放场统筹纳入科技园建设范围），建筑面积 16 万平方米，由集体经济组织投资 5 亿元，于 2010 年投入使用。二期规划项目共有回迁安置房、集体产业园、土地一级开发三个子项目，已完成拆迁任务，处于项目立项审批阶段。2012 年 7 月，中关村国家自主创新示范区领导小组正式批准成立“中关村东升科技园”，规划进一步调整为三期进行开发建设。

2. 建立农民与园区的利益联结机制

从 2002 年起，东升镇开始启动集体资产改制工作，并采取了“先村后镇”的改制程序。截至 2008 年，东升镇陆续完成了小营村等 7 个村级集体经济组织产权制度改革工作。2009 年，东升镇对镇级直属企业进行产权制度改革，在 3 个新组建专业公司的基础上，成立了 3 个股份合作社，确立了股份社对镇集体资产的所有者代表地位，并将集体资产量化到农民个人。其中，东升博展股份经济合作社主要从事科技物业产业，采用集体开发、自主运营的开发模式，投资建设东升科技园，成为农民与园区的利益连接载体。科技园解决了本地农村劳动力 200 余人的就业，安置乡镇企业职工 280 多人。2011 年，园区总产值 30 亿元，上缴地方税收达 3 亿元，为集体经济组织创收 6700 多万元，农民分红达 1400 万元，人均分红 1.7 万元。2016 年，总产值上升到

200 多亿元。

3. 政府部门给予了重要支持

东升科技园的发展模式得到市区主要领导的充分肯定和大力支持。面对乡镇做科技园缺乏经验、服务专业化水平较低，特别是法律制度等方面的限制，东升镇“借助外力”，向发改委、海淀园、投促局等政府职能部门请教科技政策；技术平台搭建方面，借助海淀区孵化共同体共享全区的公共技术平台，与清华工业开发研究院合作建设科研成果展示平台等。市、区各相关职能部门，特别是在镇党委政府的积极推动下，进行了一系列政策上的突破和创新，如在二期建设规划中，土地征为国有的同时，拟采用定向招标方式，2/3 的土地仍由东升镇集体经济组织掌握土地开发权。

（二）基本分析

通过集体土地开发参与城镇建设具有一般性意义。由于社会保障、就业等一系列制度尚不完善，农民“转非”后的户籍身份改变不能代表城镇化的最终实现，让农民牢牢掌握住集体土地资源，不断扩大集体经济规模来解决农民就业，筹措转工留用人员的工资、保险、福利等费用，是农民就地城镇化的关键。农民和集体作为主体参与园区建设：一是有利于增加土地供给。缓解城市土地资源紧缺矛盾，提高集体建设用地使用效率。二是有利于降低开发成本。减少传统产业关停、下岗人员安置、房屋土地腾退、周边环境整治过程中的种种矛盾，缩短建设周期、降低建设成本。三是有利于维护社会稳定。土地保持集体产权不变，农民可以长期分享土地增值收益，减少征地拆迁争端。从东升科技园的建设发展来看，在符合城市规划和产业政策的前提下，农民自主开发集体建设用地参与城市建设是可行的。海淀区四季青镇的玉泉慧谷科技园区、大兴区西红门镇的工业园区改造等，采取了与东升科技园相类似的建设模式，反映了农民依托集体土地主动参与城镇建设的共性要求。

农村集体产权制度改革明晰了农民与集体的关系。改革让农民带着股权参与工业化、城镇化，保障了农民土地非农化后对土地收益的分享，使农民的土地财产权益得到了切实的尊重和保护。通过“资产变股权，农民当股东”，集体资产由共同共有到按份共有，明晰了集体经济组织内部的产权关系，为扩大基层民主、实施监督制约、防止集体资产流失、维护农民权益提供了机制保证。

东升科技园发展仍然面临着法人治理结构上的“瓶颈”制约。如由于股权不能满足穿透性原则导致下级公司不能进入新三板、产权制度改革过程中资产没有划拨归位到新股份社、股份经济合作社法人地位不明确等。

（三）案例启示

城乡二元结构体制和传统的农村集体所有制是中国特色城镇化道路带有的两大制度特征，也是城镇化进程所面临的最主要的两个制度性约束：城乡二元结构体制下要素市场分割，形成城乡之间的矛盾；进城农民与集体的产权关系模糊，无法有效处置在农村的集体资产，形成了农民与集体之间的矛盾。由于法制化进程滞后，又带来了改革与法制建设之间的矛盾。东升科技园的实践经验集中折射出了农民市民化进程中需要破解的以上三类矛盾，为探索农民市民化路径选择与机制设计提供了重要思路。

破除城乡二元结构体制是探索农民市民化道路的基本路径选择。构建新型城乡关系，根本是解决农民与乡村集体经济组织的土地发展权问题。党的十八大提出城乡发展一体化是解决“三农”问题的根本途径，特别是要发展壮大集体经济实力。农民就地城镇化的基本路径就是利用集体土地参与城镇建设。但是，土地市场上集体土地无法直接入市、金融市场上集体土地无法抵押融资、劳动力市场上农业户籍人口无法充分享受城镇社保与教育、医疗等公共服务。要按照城乡要素市场一体化的方向和要求，在征用集体土地时，留出一定比例的建设用地，由农村集体经济组织自主开发，支持农民在自有产业用地上进行项目建设，以出租或自营等方式使用，实现同地同权同价。

农村集体产权制度改革是推进农民市民化的重要机制设计。传统集体经济组织由于产权不清晰容易形成内部人控制，导致集体资产流失，农民利益受损。本土型城镇化不仅需要解决集体经济发展壮大问题，还需要按照股份合作制原则，建立产权清晰的新型农村集体经济组织，形成科学的收入分配机制，实现农民的收益主体地位，并与社会结构转型进程相适应，逐步增强农村集体产权权能。

保持改革与法制化进程的同步性。改革是突破城乡二元结构体制和传统农村集体所有制，推进农民市民化的基本手段。但是，改革由于受到法制化滞后的局限容易陷入裹足不前的境地。在呼吁改革的同时，更应强调加快法制化进程：一是全国人大尽快完成《土地管理法（修正案）》审议工作，允许农村集体建设用地直接入市，实现城乡土地同地同权同价。二是出台“农村集体经济组织法”。参照浙江、广东各地颁布的相关法规文件，为集体经济快速健康可持续发展提供有力的制度保障，让集体经济光明正大地融入市场。

二　西红门镇域统筹模式

（一）概况

大兴区西红门镇位于北京市中心城外围南部中轴线地区，全镇除部分地区位于大兴新城范围内，其余大部分属于第二道绿化隔离地区，是典型的城乡接合部。下辖的 27 个村的 27 个工业大院占地约 952 公顷，建筑规模约 960 万平方米，年租金收益约 2 亿元。通过工业大院改造升级，按市级批复、镇级统筹的产业园区用地 3000 余亩，其中，城镇建设用地 1000 余亩，主要用于平衡拆除腾退成本；镇级统筹产业用地 2000 亩，作为新增集体经营性建设用地部分成为乡镇统筹的主要对象；剩余1.2万亩还绿。

主要做法：一是成立西红门镇级集体土地经营管理性质的联营公司，各村经济合作社以村集体土地使用权（工业大院占地面积）参股形式成为公司股东，参与决策运营和管理。二是成立西红门镇集体资产管理有限公司，受镇联营公司全权委托，实施工业大院改造。

具体经营方式：一是通过工业大院改造升级，在保证农民收益的前提下，实现全镇统筹的农民收益分配新机制。二是根据各村工业大院占地面积，从产业园区用地中按照3%的比例为各村社预留产业用地，由各村社自主经营。三是由镇级集体资产管理有限公司采取租赁的形式，将各村土地进行统筹运营。

为推动城乡接合部改造，大兴区在西红门镇原有镇域规划（2003年批复）的基础上进行了调整，编制了《大兴区西红门镇城乡接合部整体改造试点规划方案（城乡统筹规划及局部地区控制性详细规划）》，并于2012年7月获得了批复。该规划新增了一块城镇建设用地用于资金平衡，安排了四块集体建设用地用于发展集体产业（见表5－1）。由于按照建设用地和绿地2∶8的比例进行规划编制，未进行进一步成本平衡测算，在实际操作中资金平衡压力较大。

表5－1　　工业大院规划调整集体土地集约利用结构

编号		新增建设用地公顷（万平方米）	产业用地公顷（万平方米）	容积率	建筑面积（万平方米）
居住	1号地	82.55	57.36	2.2	126.3
产业	2号地	34.28	24.92	2	49.85
	3号地	40.06	28.96	2	57.92
	4号地	13.85	1.38	2	20.75
	5号地	47.04	34.57	2	69.13
	小计	135.23	98.83		197.65
总计		217.78	156.19		323.95

（二）资金平衡测算

1. 支出项测算

拆除腾退补偿成本。按照大兴区出台的《集体土地非住宅拆迁补偿办法》（京兴政发〔2011〕16 号）文件精神，包括地上物补偿、停产停业补偿和搬家费，共计以 1200 元/平方米单价补贴商户。这个拆迁补偿价格相当于丰台区邻近地区价格 2000—3000 元/平方米的50%左右。27 个工业大院拆除面积共计960 万平方米，补偿约为 114.24 亿元。

基础设施配套成本。首先需要计算单位建筑面积平均基础设施配套成本。寿保庄村工业大院位于 3 号地块，规划为集体产业用地，占地约 30 公顷，规划建筑面积约 48 万平方米。基础设施配套假设主要是道路建设，如表 5 – 2 所示，5 条道路总投资为 2.47 亿元。单位建筑面积造价为 514.58 元/平方米。5 个地块总规划建筑面积为 323.95 万平方米，总共配套基础设施成本约为 323.95 万平方米 ×514.58 元/平方米 =16.7 亿元。假设道路建设占基础设施（道路、燃气、给排水、综合布线等）总成本的 2/3，则基础设施总成本约为 25 亿元。

表 5 – 2　　3 号地块道路配套建设投资情况　　单位：亿元

道路	规划五路	规划六路	规划七路/规划八路	规划三路	总投资
投资	0.97	0.24	0.18/0.34	0.74	2.47

拆除腾退融资成本。先计算单位建设面积的融资成本。寿保庄科技产业园（3 号地）拆除腾退项目已获得建设银行大兴支行 3.85 亿元资金支持。拟启动的2 号地和5 号地拆除腾退工作，总投资 28.7 亿元，其中，银行贷款 20 亿元。已由建设银行、国家开发银行、农业银行 3 家银行组成银团联合负责贷款项目。3 块地新增建设用地面积 121.38 万平方米，单位新增建设面积贷款为：［3.85 亿元 +20 亿元］ ×10000 万元 ÷121.38 万平方米 =

1965 元/平方米。按年息 8% 计算，单位融资成本为 1965 元/平方米 ×8% ＝157 元/平方米・年。5 块地总新增建设面积为 217.78 万平方米，总计年融资成本为 157 元/平方米 ×217.78 万平方米 ＝3.4 亿元。按 5 年为周期，总计 3.4 亿元 ×5 年 ＝17 亿元。

机会成本。拆除腾退协议中包含对村集体和农民出租收益不降低的承诺，需要将因工业大院改造造成的出租收益损失作为机会成本纳入总成本。改造前农民和村集体通过土地租赁（约 952 公顷土地），年租金收入约两亿元。工业大院拆除后，这部分收益成为整体改造工程的机会成本。以 5 年为周期，共计 10 亿元。

建安成本。4 块地面积按 200 万平方米，建安成本 4000 元/平方米计算，共计 200 万平方米 ×4000 元/平方米 ＝80 亿元。这部分成本需要在今后 3—5 年内随着整体改造的完成与运营收益的增加而逐步消化。

绿化及管护成本。8 平方公里需要还绿，按现实发生成本 13 元/平方米，总计年建设管护成本为 800 万平方米 ×13 元/平方米 ＝1.04 亿元。总计 1.04 亿元 ×5 年 ＝5.2 亿元。

完成西红门综合整治改造项目，近五年内，项目总成本支出共计 114.24 ＋25 ＋17 ＋10 ＋80 ＋5.2 ＝251.44 亿元。

2. 收入项测算

1 号地上市收益。按照原规划设计，1 号地为国有建设用地，用地性质属于住宅用地，主要用于平衡整体改造项目的全部拆除腾退费用。参考 2013 年附近地区商品房单价 3 万元/平方米标准，按照 50% 估算招牌挂价格，即楼面地价为 1.5 万元/平方米。1 号地总建筑面积为 126.3 万平方米，共计可拍得款项：126.3 万平方米 ×1.5 万元/平方米 ＝189 亿元。可以解决拆除腾退成本 114.24 亿元，基础设施配套成本 25 亿元，融资成本 17 亿元，剩余 32.8 亿元。假设市发改委支持基础设施投入的 50%，可节省支出 12.5 亿元。共有结余：32.8 亿元 ＋12.5 亿元 ＝45.3 亿元，其中，一部分用于财政上缴，另一部分用于拆除腾退成本上升等因素造成的未来不确定性，或补贴其他 4 块地的后期建设成本。

2 号至 5 号地出租收益。其余 4 块地的收益主要用于平衡机会成本、建安成本与绿化养护成本，共计 10 亿元 + 80 亿元 + 5.2 亿元 = 95.2 亿元。4 块地共计建筑面积 197.65 万平方米，按照 1.5—2 元/平方米·天价格出租，年收益为 197.65 万平方米 × 1.5 元/平方米·天 × 365 天 = 10.8 亿元或 197.65 万平方米 × 2 元/平方米·天 × 365 天 = 14.4 亿元。未来五年收益为 10.8 亿元 × 5 年 = 54 亿元或 14.4 亿元 × 5 年 = 72 亿元。尽管由于贴现因素，未来五年总收益应小于这个数字，但考虑到未来土地升值潜力没有纳入，可以假定两方面因素相互抵消。这部分资金平衡压力较大，按照单价 1.5 元测算，存在 41.2 亿元缺口。假设单价 2 元，也有资金缺口 23.2 亿元。考虑到 1 号地资金存在结余以及整体项目进一步压缩成本的因素，资金缺口可以从这两方面挖掘潜力予以解决。另外，可以争取二道绿隔地区 2003 年出台的 15 号文关于"3% 配套建设用地"等政策，8 平方公里的拆除腾退可以获得 24 万平方米规划建设用地指标或耕地占补平衡指标，以弥补资金平衡缺口。如表 5－3 所示，项目总计可以获得 4.06 亿—22.06 亿元净收益。

表 5－3　　西红门镇整体改造项目资金平衡情况　　单位：亿元

项目		投入
拆除腾退补偿成本	地上物补偿	114.24
	停产停业补偿	
	搬家费	
基础设施配套成本	道路等配套建设	25
拆除腾退融资成本	银行贷款	17
机会成本	改造前农民和集体出租收益	10
建安成本	2—5 号地块（约 200 万平方米）	80
绿化及管护成本	养护费	5.2
合计	—	251.44

续表

项　　目		收入
1 号地挂牌出让	按国有建设用地用于住房挂牌出让	189
2—5 号地出租收益	按集体建设用地出租（1.5—2 元/平方米·天）	54—72
政府投资	发改委政策支持	12.5
合计	—	255.5—273.5
资金平衡结余	—	4.06—22.06

注：所列各项目数据说明可参照前文解释。

资料来源：根据西红门镇调研座谈及提供资料整理，成本测算周期为 5 年。

西红门镇仍然有农业户籍人口近两万人，按照 50 万元/人的转居成本测算，大约需要 100 亿元。如果考虑到这部分成本，该整体改造项目的资金成本压力只能通过征地、土地直接入市等途径解决。

（三）需要进一步解决的若干规划管理体制问题

西红门镇试点工作在农村地区规划管理体制改革中具有开创性的地位和作用，但是，仍有诸多关键性问题需要进一步探索和破解。

1. 建设用地指标标准

为了便于高端项目的引进，需要适当放宽容积率等相关规划指标的限制，允许区级在保持总体用地规模不变、保障道路通行的情况下进行适当调整。核心是规划标准如何界定。相对拆五建一的规划标准，按照绿隔 15 号文 3% 配套产业用地政策，可以进一步增加建设用地指标，而参照一绿或 50 个重点村的人均 50 平方米的政策，建设用地指标则大幅度压缩。农村地区发展的特点具有相当大的不确定性，在规划指标方面要有更大的弹性空间。

2. 规划与项目审批权限

对规划调整工作，要由北京市规委批复改造试点的镇级总体规划，区级批复街区层面或具体项目层面的详细规划。项目审批授权区级发改部门进行审批，加快项目手续办理。

3. 土地利用规划调整

由于城乡接合部耕地、基本农田指标紧张，基本农田分布分散且不规则，对于规划实施，特别是市政管线、道路的建设制约严重。可允许区级在镇域范围内保持基本农田指标总量不变的前提下，开展土地利用规划修编或规划调整。

此外，还存在社会资本市场化引入、土地增值收益分配以及联营公司法律地位等非规划类问题。

三　旧宫镇片区统筹模式

旧宫镇地处大兴区最北端，与丰台区大红门地区、朝阳区小红门乡、亦庄经济技术开发区以及南苑机场接壤，以原五环路为界，南北分别位于二道绿隔和一道绿隔地区。镇域面积 29.73 平方公里，下辖 11 个自然村、19 个行政村。由于“村自为战”的发展，旧宫地区缺乏高端主导产业支撑，以小型服装厂、小型食品加工厂、小型五金加工厂等低端的“六小企业”为主，集体经济主要以土地租赁、厂房租赁等为收入来源。根据 2014 年完成的土地清查数据，旧宫镇现有尚未拆除的经营性建设用地 9000 多亩，其中，3000 多亩用于建造仓库，4000 多亩用于商业门面，还有部分处于闲置状态，土地使用效率极为低下。2013 年，13000 亩的工业大院年租金收益仅 1.2 亿元，亩均收益 9230 元，核计每平米日租金 0.038 元，全镇用于分红的收入 7700 万元，人均 6500 元。村集体发展后劲不足，农民与集体的长期利益缺乏可靠保障。加之人口无序聚集，环境脏乱差，加重了集体经济的社会性负担。

（一）片区统筹的总体设计

面对发展空间的制约、农民与集体权益保障的迫切需求、“村自为战”发展村级工业大院的体制性弊端，旧宫镇选择了组团式开发、片区式经营的集体经济发展新模式（见图 5－1）：通过回迁房底商租赁、世界之花、电商谷和文化体育休闲 4 个集体产业项目分别带动旧宫、庑殿、南街和集贤 4 个片区，先实现跨村片区统筹，再逐步缩小片区之间差距，最终实现镇域统筹协调发展。自 2009 年以来，旧宫镇依托地铁亦庄线旧宫东站、蒲黄榆路南延、绿隔地区建设、城乡接合部改造以及南海子郊野公园等市级重点工程建设契机，按照“统一经营、分配一致”的目标和要求，4 个片区统筹实施旧村拆迁改造工程，先后对旧宫、庑殿、南场、大有庄、西广德等 15 个村进行了拆迁及南街地区 4 个村的工业大院升级改造（受南苑机场规划调整影响，该片区村庄未拆迁），既实现了旧村升级改造，又关停了大部分低端产业，有效地提高了土地使用效率，实现了产业结构升级，拓展了集体经济发展的新空间，带动了农民增收。

改造项目全部完成后，镇级统筹建筑面积 100 万平方米、集体资产将达到 100 亿元，形成效益 4 亿—5 亿元。庑殿、南街和旧宫 3 个已建片区产业项目定位准确，项目建设周期短，资金回笼快，年收益已达 1.25 亿元。根据每个村的实际经营收入状况，镇级集体经济对每个村进行差异化补贴，实现村与村之间分红水平的相对均衡。2014 年，全镇 1.18 万集体经济组织成员人均分红 14000 元（含 2000 元过节费），比原来“村自为战”体制下的人均分红水平翻了一番多。

1. 空间统筹

南街片：首农·中科电商谷项目。属于工业大院改造升级项目，解决南街片区南街一村、二村、三村、四村农民的长期经济利益问题。片区联营公司负责集体建设用地的开发建设、招商立项、经营租赁等。项目占地共 48 公顷，计划建商业设施 88 万平方米，四个村集体年可获得保底租金 5000 万元或 15 万平方米的虚拟房产收益。2017 年基本完成了 4 个村的工业大院拆除腾退工作。目前 A 地块已经投入使用，B 地块正在内部装修。

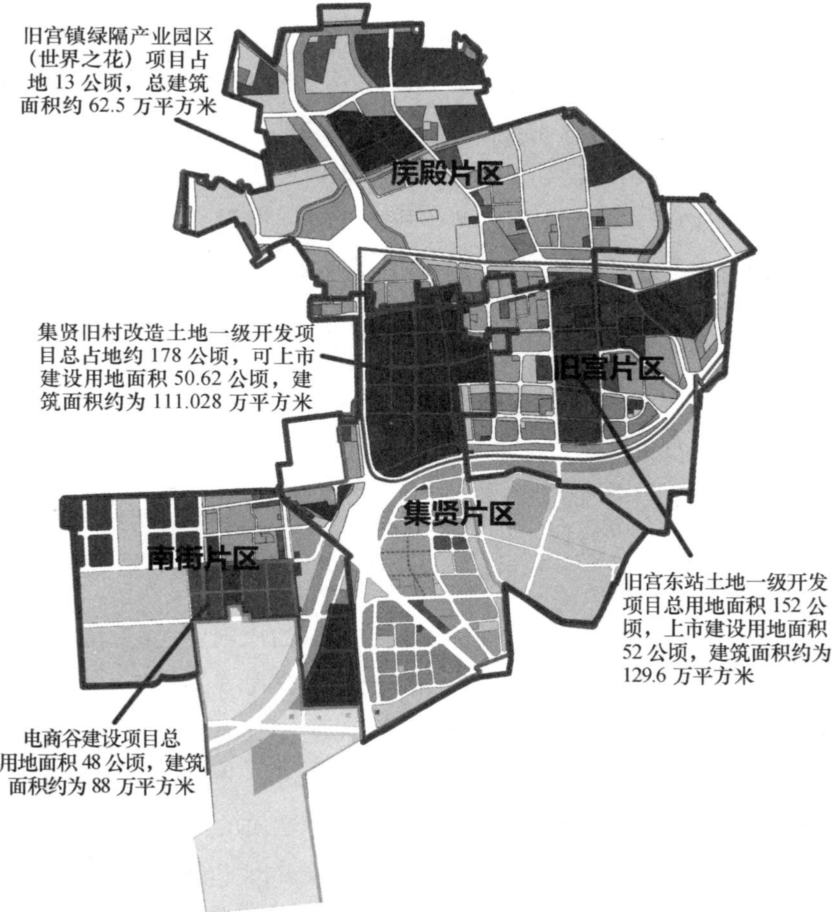

图 5－1　大兴区旧宫镇 4 个片区带动项目示意

注：图中标注建筑体量含非乡镇统筹部分。

庑殿片：世界之花项目。涉及庑殿一村、二村、三村，南场东，南场西 5 个村，利用一道绿隔劳均 50 平方米的产业发展政策，借助亦庄配套区、紧邻市区的优势，定位世界之花假日广场项目。占地 195 亩，计划建筑面积 50 万平方米，地上商业设施由投资商完成，产权属于村集体所有，允许投资商经营 40 年，租金为每年6000万元，按每年1000万元递增，直至1亿元，20年后按当时市场价格商谈租金。

旧宫片：回迁房底商。包括旧宫一村、二村、三村、四村，共有建筑面积6万平方米。土地被征用为国有，旧宫回迁房项目底商资产产权归镇级集体企业宏展公司所有。年租金收益2500万元，公司将这些收益补贴给4个村集体经济组织。经和市规划管理部门协商，在凉水河东侧争取到3公顷建设用地指标，计划再建17万平方米的商业设施，补充集体收益不足部分。

集贤片：文化体育休闲项目。包括集贤一村、二村、三村、四村，西广德，有余庄6个村。集贤一村、二村、三村和有余庄，地理位置优越，处于商业繁华地区，计划利用回迁房底商解决这四个村集体经济发展问题。通过南海子公园和集贤改造项目，村级收益分配的资产建筑面积13万平方米，资产出租收益用于集贤片区6个村的村民收益分配。

2. 体制统筹

旧宫镇按照“分级管理、责权明确”的原则建立组织管理架构。镇政府组织成立了北京宏图资产管理公司（见图5－2），负责统筹考虑全镇范围内旧村改造、农民上楼、项目开发。按照历史形成的南街、庑殿、旧宫和集贤4个片区，分别成立一个以片区内各村集体为成员单位的集体资产管理性质的分公司，作为组织平台、融资平台、项目申报平台和收益分配平台，进行土地利用的区片整治，建设适合本地区产业发展的高端服务业项目。各村保留村党支部和村级集体经济组织，负责基层组织建设和集体经济组织成员收益的发放。按照公司章程，本着“相对稳定、逐步提高、分配一致”的原则进行年度分配。

通过一级开发，集体产业项目带动，4个片区联村联营机制不断完善，能够自我平衡后，开展镇级集体产权制度改革，成立统一的镇级资产管理公司，分配好片区利益，从小平衡走向大平衡。除项目建设用地外，统一规划还绿，加快镇域生态文明与城乡环境建设，逐步实施“村地镇管”，完成农民增收与土地利用的集中管控。

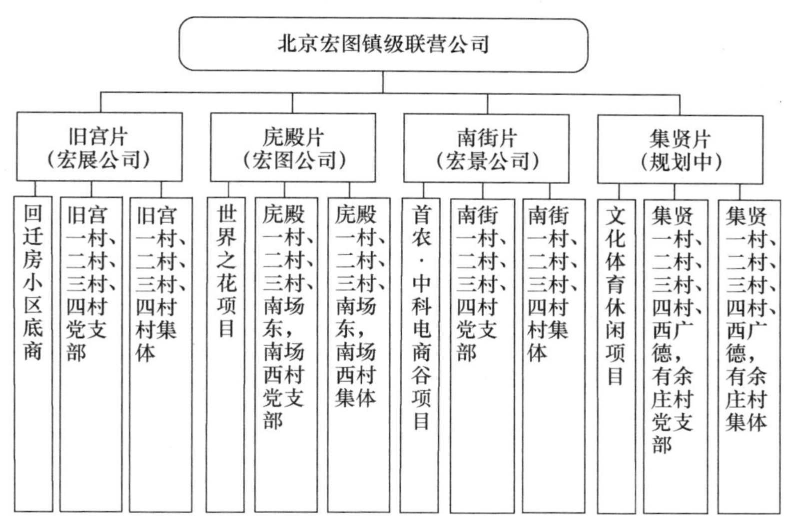

图 5－2　旧宫镇乡镇统筹体制框架示意

3. 政策统筹

旧宫镇在分片区组团式开发建设中，集合了绿隔、土储以及重大项目等各项政策，形成合力，把项目开发、农民上楼与旧村改造统筹考虑，同步推进，降低了开发成本，提高了城乡接合部改造的工作效率。

（二）南街片区统筹的基本路径

首农·中科电商谷是北京市较早的城乡一体化改造投资项目和房地分离试点项目，主要是打造电商全产业链的现代服务产业聚集区，已与京东商城、当当网等数十家电商企业签约注册或签订合作框架协议。项目地处南四环、南五环与南中轴路之间，毗邻规划地铁 8 号线延长线及轻轨亦庄线。该项目得以顺利实施，主要得益于四项措施：

1. 规划指标片区空间统筹

南街片区统筹集约利用南街一村、二村、三村和四村的土地规划指标建设电商谷项目，打破了“村村点火，户户冒烟”的传统发展路径。

2. 建立健全利益统筹机制

首先，组建宏景建业投资管理公司，作为南街片区4个村的联营公司（见图5－3）。南街四个村以每个村的集体经济组织成员数量入股，不考虑用地性质、区位因素，每人一股，按照人口比例确定各村在联营公司的股权比例。转居后未安排就业人员也被纳入进来。

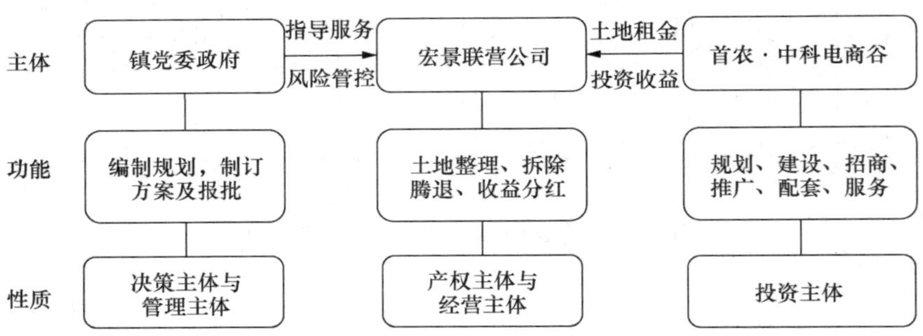

图5－3　首农·中科电商谷项目组织体制架构示意

其次，集体建设用地使用权确权到联营公司。先将集体建设用地使用权证颁发到项目所在地的南街一村、四村，再通过民主表决进行产权变更，将集体建设用地使用权证登记到联营公司名下。

最后，完成权益分割。村集体和联营公司分别拥有集体建设用地的所有权和使用权，地上商业设施由投资商施工建设和经营，产权权益按协议共享，联营公司获得15万平方米虚拟房产的未来收益，并设定年保底租金5000万元，四个村2500名集体经济组织成员年保底分红2万元。项目自开工时，即开始支付保底租金。

3. 区域统筹资金平衡

经北京市土储中心同意，五环西侧的南街片区四个村工业大院的腾退成本、市政配套所需建设资金约 5.5 亿元以及后期建设成本纳入五环东侧的上市地块“城乡接合部改造配套用地”项目的一级开发成本。首农·中科电商谷作为亦庄开发区的配套建设项目，前期市政配套建设资金由亦庄开发区先期支付。

4. 优化审批流程

分用地报批和项目报批两条线同时推进。规划用地报批环节主要以镇政府为申报主体：

第一步，优化产业布局，明确产业定位。将首农·中科电商谷项目作为亦庄开发区的配套产业园区，产业引导规划。

第二步，编制报批村庄整治规划。自 2012 年 2 月开始报批，2013 年获得批复。

第三步，编制工业大院升级改造方案。先上报大兴区规划分局，通过后以区政府名义向市规划委行文报批，市规划委以会议纪要形式通过审核，区政府进行方案公示，确定规划指标。

第四步，完成土地农转用的占地手续。

项目报批环节，首先是与开发商签署协议，实现投资公司与联营公司利益捆绑。然后，两家公司一起申报立项。

首农·中科电商谷项目仍然面临着一些亟待解决的政策难题，如房产证颁发对象、绿化任务缺乏绿色产业项目后续支撑，乡村集体经济组织分红在镇村二次缴税等。

（三）南街片区统筹实施机制的“五本账”

工业大院改造，表面上看是由过去土地租金水平较低，环境脏、乱、差的低水平均衡向城乡协调发展、人与自然和谐共生的高水平均衡的转型，实质是社会结构的综合转型，需要从人口、土地、规划、资金和产权等多个视角来解析其转换机制，进而提炼出一般性经验。

1. 人口账：流动人口规模大幅减少

从镇域情况看，通过旧宫片拆迁，清理整治社区群租房、南场庑殿旧村改造回迁以及南街工业大院拆除腾退等，流动人口已从2008年最高峰的15.68万人下降到2015年年底的7.82万人。2016年，通过治理地下空间、群租房、南场西村低端行业，南街三村清理住宿、生产仓储、经营等“三合一”，南街三村工业区52公顷工业大院升级改造，削减流动人口12536人，总数下降到6.57万人。南街片区流动人口最高峰在2011年达到4.19万人。截至2013年年底，南街地区电商谷一期、二期项目拆除建筑物90万平方米，涉及服装加工企业365家、“五小六小”行业197家、废品收购业37家，削减流动人口0.9万。旧宫镇区的旧宫一、二、三、四村共拆除100万平方米，由拆迁整治前最高峰2009年的31502人下降到2010年年初的3032人，削减流动人口2.8万人。2008年以来，镇域总计疏解流动人口9.11万（见表5－4）。

表5－4　南街片区（含旧宫镇区、旧宫镇域）环境整治改造的人口账分析

单位：万人

	南街片区	旧宫镇区	旧宫镇域
环境整治前	4.2（2011年）	3.1502（2009年）	15.68（2008年）
环境整治后	3.3（2013年）	0.3032（2010年）	6.57（2016年）
疏解人口	0.9	2.8	9.11

资料来源：旧宫镇实地调研数据。

2. 土地账：“284”模式实现“拆多建少”

南街片区全部行政区域429公顷，现状工业大院总占地264公顷，建筑面积275万平方米，其中，五环内222公顷，需拆除面积215万平方米；五环外42公顷，需拆除面积60万平方米（拆除后可上市土地18公顷，规划建筑规模59万平方米）。现状工业大院还夹杂了各类农用地，如耕地、林地、草地以及设施农

用地，占总改造面积的 17%。

根据大兴区政府批复的《旧宫镇南街村村庄整治规划》，新增集体产业用地 48 公顷，占五环内工业大院占地面积的 21.6%，其中村镇企业用地 31.67 公顷，地上建筑规模 88 万平方米，占五环内工业大院建筑面积的 40.9%，公共绿地 1.38 公顷，道路用地 14.95 公顷；腾退还绿 198 公顷，占工业大院占地面积的 75%，其中，五环内工业大院腾退还绿 174 公顷，占五环内工业大院占地面积的 78.4%。五环内工业大院的拆建比为“284”。片区工业大院整体拆建比为“25：75：53”，约为“385”。

表 5－5　　南街片区工业大院改造的土地账分析　　单位：公顷、%

项　目	1. 村镇企业用地	2. 道路用地	3. 公共绿地	4. 其他	5. 总建设用地	6. 腾退还绿	7. 总规划用地
现状工业大院用地	208.69	42.52	1.63	11.16	264	0	264
占比	79	16.1	0.6	4.2	100	0	100
规划建设用地	31.67	14.95	1.38	18	66	198	264
占比	11.9	5.7	0.5	6.8	25	75	100

注：规划集体产业项目为 48 公顷（88 万平方米），即 1＋2＋3。五环外上市项目 18 公顷列入第 4 项。未来南街片区的总建设用地为 48＋18＝66 公顷。即5＝1＋2＋3＋4。现状工业大院用地中的 1、2、3 三项以南街四个村辖区为边界，属于近似值。

资料来源：《大兴区旧宫镇南街村村庄整治规划》，北京市弘都城市规划建设设计院。

3. 规划账：城规土规合一

北京市总体规划在中轴路两侧均预留出部分待研究用地，作为南苑机场搬迁后未来南苑集团整体发展的建设用地统筹考虑。按照北京市中心城区控制性详细规划，南街片区五环路以里规划待研究用地约 71 公顷，南中轴预留用地约 21 公顷，其余建设用地约 30 公顷（含 12.4 公顷居住用地）；五环以外规划建设用地约 30 公顷，总计 152 公顷。依据土地利用总体规划，南街片区可改造范围内，建设用地面积约212公顷。相比土规，城规尚有60公顷的调整空间。南街片区村庄整治规划中新增规划用地指标48公顷，可以总体实现“两规合一”。

表5－6　　南街片区工业大院改造的规划账分析　　单位：公顷

	五环路以内规划待研究用地	南中轴预留用地	其余建设用地	五环以外规划建设用地	总规划建设用地
城市总体规划	71	21	30	30	152
土地利用规划	—	—	—	—	212
差额					60

4. 资金账：资金总体平衡

南街片区工业大院改造涉及资金主要包括现状工业大院拆除（总体按930元/平方米标准测算）、相关市政道路及基础设施建设和绿化环境整治三个方面，共计需要26.34亿元。

平衡资金主要来自两部分：一部分是五环路东侧的工业大院地块上市，用地范围规划为可入市交易的多功能用地（建筑面积约60万平方米）。作为“城乡接合部改造配套用地”项目，除自身资金平衡外，主要用于承担工业大院拆除腾退成本。据旧宫镇政府估算，该项目建设中，政府可收益约15亿元，将全部用于工业大院的拆除腾退。另一部分是集贤片区土地上市溢价返还11亿元，以解决南街片区环境整治资金不足部分，见表5－7。

5. 产权账：乡村两级集体经济组织治理结构的边界

南街片区4个村统筹集约利用工业大院改造新增的规划用地指标，组建了由各村集体为股东的宏景建业投资管理公司，作为集体建设用地使用权的产权主体和经营主体。

初步确定人均出资额。公司章程中明确了项目占地村以地入股和非占地村以资金入股相结合的入股方式。如南街一村以40.93万平方米（614亩）的土地使用权证入股，按每亩20万元标准，合计12280万元，作为该村出资额，人均入股18.86万

表 5－7　　南街片区工业大院改造的资金账分析

<table>
<tr><td colspan="5">成本</td></tr>
<tr><td colspan="2">项目</td><td>规模（公顷）</td><td>金额（亿元）</td><td>资金来源</td></tr>
<tr><td rowspan="4">工业大院拆除</td><td>一期拆除</td><td>47</td><td>5.00</td><td rowspan="6">五环东侧的二期拆除腾退的多功能规划用地入市盈余</td></tr>
<tr><td>三期拆除</td><td>128</td><td>8.50</td></tr>
<tr><td>四期拆除</td><td>50</td><td>6.50</td></tr>
<tr><td>小计</td><td>225</td><td>20.00</td></tr>
<tr><td>道路建设</td><td>规划纵一路等 10 条</td><td>—</td><td>2.53</td></tr>
<tr><td>市政管线</td><td colspan="2">—</td><td>1.40</td></tr>
<tr><td rowspan="5">绿化实施</td><td>一期绿化</td><td>17</td><td>0.51</td><td>亦庄开发区先期资金支持</td></tr>
<tr><td>二期绿化</td><td>124</td><td>0.87</td><td>争取二道绿隔政策
镇政府筹措剩余资金</td></tr>
<tr><td>三期绿化</td><td>50</td><td>0.20</td><td>争取相关政策
镇政府筹措剩余资金</td></tr>
<tr><td>蒲黄榆路沿线</td><td>25</td><td>0.83</td><td></td></tr>
<tr><td>小计</td><td></td><td>2.41</td><td rowspan="2"></td></tr>
<tr><td colspan="2">总计</td><td></td><td>26.34</td></tr>
<tr><td>五环外现状工业大院改造</td><td>可入市交易的多功能用地</td><td>60
（万平方米）</td><td>15</td><td rowspan="4"></td></tr>
<tr><td>集贤片区改造</td><td>可入市交易的多功能地块</td><td>—</td><td>11</td></tr>
<tr><td>合计</td><td colspan="2">—</td><td>26</td></tr>
<tr><td>资金平衡结余</td><td colspan="2">—</td><td>－0.34</td></tr>
</table>

资料来源：根据旧宫镇调研座谈及提供资料整理。工业大院拆除部分包括 3 公顷南郊农场的工业大院，面积由 222 公顷增加为 225 公顷。工业大院二期拆除腾退成本直接在“城乡接合部改造配套用地”项目成本中扣减，不在表中体现。

元。根据人均出资额确定各村出资总额，一般先以地折价入股，不足部分以资金补齐，非占地村直接入股相应资金。实际上，非占地村难以筹集相应的资金量，导致村与村之间人均出资额及村际分红的实际差异。

以人入股，明确股权结构。在考虑了项目规划新增指标来源于4个村工业大院改造这一既定事实以及南街村历史上归属南郊农场，农民已经习惯于工资收益方式的情况下，按照人均出资额相等原则，全部以货币形式出资，重新确定各村在联营公司的股权比例，实现“同人同股同权”。各村入股比例也就是各村人口占4个村总人口的比重，实质是以人量化股权。南街一村的实际股份比例由公司章程最初规定的47.74%下降到25.5%，最终股权比例结构为25.5∶25.7∶30.6∶18.2。如表5－8所示。

表5－8　　南街片区宏景联营公司股权结构

村庄	集体经济组织成员（人）		现状工业大院面积（公顷）		2014年股权结构				2015年章程修订后的股权结构		
	数量	**股权比重（%）**	数量	**股权比重（%）**	土地使用权证（万平方米）	总出资额（万元）	出资方式	**股权比重（%）**	总出资额（万元）	出资方式	**股权比重（%）**
南街一村	668	**24.9**	63.24	**24**	40.93	12280	土地	**47.74**	2550	货币	**25.5**
南街二村	661	**24.7**	70.76	**26.7**	0	4200	货币	**16.33**	2570	货币	**25.7**
南街三村	877	**32.7**	88.99	**33.6**	0	5000	货币	**19.44**	3056	货币	**30.6**
南街四村	473	**17.7**	41.55	**15.7**	14.341	4243	土地	**16.5**	1824	货币	**18.2**
总计	2679	100	264.54	100	55.271	25723		100	10000		100

注：通过第四列与第一列加黑数字对比，可以发现按货币出资与按人口比例确定股权形成的比例仍有细微出入，但总体上已经比较接近，实现了人均出资额一致的原则性要求。表中4个加黑的纵列分别表示以人入股、以地（现状工业大院）入股、合规土地和资金混合入股、资金入股4种方式下不同的股份比例结构。集体经济组织成员人数来自2015年北京市农经办“三资”管理平台数据。最初的股权结构中，南街四村入股土地为两宗，分别为14.145万平方米和0.196万平方米，合计14.341万平方米。南街一村、二村、三村和四村的最终人均出资额分别为3.8万元、3.9万元、3.5万元和3.9万元。

镇域跨片区统筹。综合考虑4个片区改造过程中获得收益时间的不同步性，按照1.4万元的人均分红水平，将南街片区的年度剩余收益在镇域范围内进行统筹安排，最终实现“统一经营，分配一致”。

（四）旧宫模式的可复制性探讨

旧宫镇乡镇统筹利用集体建设用地实施模式，可提炼总结为：产业升级、片区实施、土规封顶、区域平衡、产权清晰。通过对这五点做进一步解析和提炼，从一些个性化措施中看到其一般性和可复制性，以在下一步北京市乡镇统筹利用集体建设用地扩大试点中，结合各地实际，予以借鉴和推广。

1. 产业升级

产业升级是南街片区工业大院升级改造和集体建设用地集中优化配置的逻辑原点。要把产业定位作为顶层设计乡镇试点实施方案的基础，然后再考虑规划审批、确权颁证、联营公司等后续问题。

产业升级要落实人口减量。产业结构的高端化势必要求更高的劳动生产率。电商谷项目带动了流动人口规模的大幅减量，有效地缓解了人口、资源、环境矛盾的“大城市病”。

产业升级要促进农民增收。南街片区联营联建，发展高端产业不仅实现了本地农民的收入增长，而且带动了全镇农民收入水平的提高。

2. 片区实施

降低跨村联营协调成本。以片区为基本单元，镇级统一经营的模式，较以全镇域为单元整体实施或动态渐进实施，有利于降低村与村之间的协调成本，更具有操作便利性。

充分发挥了资源配置的社区机制。邻近村之间经济关系密切，文化传统和习俗相近，属于熟人社会，便于利益协调和达成共识。

兼顾了地区发展阶段、地域特征及规划条件的差异性。

3. 适当调规

增加城规指标是“两规合一”的客观要求。由于规划、国土、园林绿化等部门“一地各表”，降低了基层规划编制与项目报批的工作效率。南街片区的村庄整治规划编制，新增城乡规划用地指标作为工业大院环境整治改造的奖励机制，促成了“两规合一”。

规划不做大调整。城规管布局，土规管数量。城规指标增加额要以土规为“天花板”，这是落实《土地管理法》的客观要求。南街片区城规指标增加48公顷，约占行政区域面积的10%，占两规差额的80%。

具体奖励规模和比例要因地制宜，综合考虑。如两规指标已经接近的情况下，可通过“零增地，增容积”方式进行奖励。

4. 区域平衡

南街片区改造资金平衡机制，主要有两条途径：

片区内部的资金平衡。通过五环东侧上市地块来平衡西侧工业大院拆除腾退。

跨片区的资金平衡。通过集贤片区上市土地收益返还来解决南街片区资金缺口问题。

以上两种方式，实质都是区域统筹的资金平衡方式。对于一些偏远乡镇，开展乡镇试点工作，可能还需要跨镇统筹或区级调控来解决资金平衡问题。

5. 产权清晰

宏景联营公司作为四个村集体为股东的股份制公司，构建了清晰的乡村两级治理结构的产权边界。

“以人入股，同人同股”的股权结构设计，有效地解决了人与人之间分红水平不均等的问题，体现了城乡一体化的方向和目标。

跨片区利益均衡的做法，实现了全镇域范围的发展共赢与收益分配的大平衡，与产权清晰界定并无实质性矛盾，不应简单地认为是资产平调。

四　长辛店镇棚改带动模式

自2013年以来，丰台区长辛店镇贯彻乡镇统筹的改革思路，编制规划调整与试点实施方案，已原则通过地区整合规划及先行区地块详规审批，完成该地块的拆除腾退工作，正在完善乡级集体经济组织组建方案，是首都郊区城乡接合部改造与城镇化道路转型的又一次可贵的实践探索。

（一）基本情况

长辛店镇位于丰台河西地区，是连接北京中心城区与郊区的重要节点。镇域总面积62.24平方公里，全镇辖9个行政村，总人口约13万，农业户籍人口1.64万，流动人口6.7万。全镇集体土地38平方公里，规划绿地25.8平方公里。近年来，长辛店地区的人口、资源、环境矛盾的“大城市病”日益明显，突出表现在“两个薄弱、一个碎片化”：（1）经济基础薄弱，低端业态聚集，违建扩张严重。2014年，集体经济组织租金收入不足6000万元，折合每天每平方米租金不到0.05元。随着传统高耗能产业退出，已有8个村集体收不抵支；镇域南北发展不均衡，南部的长辛店、赵辛店两村单独实施城镇化改造已难以实现资金平衡。（2）基础设施薄弱，缺乏地区性主干道，完成规划基础设施不到10%；人口结构不均衡，流动人口无序集聚，环境压力沉重。流动人口为当地农业户籍人口数的4倍。（3）土地碎片化零散。地上高压线网，地下市政、天然气、石油管线，地面京原、京广、京九铁路和京港澳等公路贯穿，大量国有企业、部队院校占地，集体土地碎片化严重。2013年被确定为试点乡镇以来，主要完成了三项工作。

1. 规划调整：“0+3”

试点方案完成市级备案。立足尚有规划预留用地指标42公顷且城规指标已略超土规指标的实际，以“不新增地，适当增容，绿地全实现”为基本出发点，拆除腾退现有集体建设用地427公顷（建筑面积341万平方米）、还建180万平方米（含合规的69万平方米）到42公顷镇规划预留产业用地及丰台科技园西Ⅰ区、西Ⅱ区，剩余385公顷规划绿地全部实现，促进地区产业升级与农民就业增收。还建用地重点发展高新技术、休闲体育、高端养老等绿色环保的健康产业。长辛店工业大院改造模式可以概括为“0+3”，即非合规土地全部拆除归零，用于还绿，同时，提高容积率，将新增建筑面积111万平方米移至合规地块，新增容积为现状容积的32.6%（见表5-9和表5-10）。预计改造后租金水平达到1.5—1.9元/天·平方米，相当于原来的30—40倍，同时，疏解流动人口3.8万。即“两增两减”：绿地增加、收入增加；违章建筑减少、流动人口减少。2015年丰台区政府向市新型城镇化体制改革专项小组提交试点实施方案，并完成市级备案。

表5-9　“0+3”的长辛店镇工业大院改造模式

分类		项目实施前	项目实施后	比例(%)	备注
用地面积（公顷）	绿地面积	385	385	100	
	经营性建设用地面积		0	0	扣除合规的预留产业用地42公顷
建筑面积（万平方米）		341	111	32.6	扣除合规的预留产业用地面积69万平方米

表5-10　容积率调整

项目名称	高科技产业建设用地规模（公顷）	建设规模（万平方米）	平均容积率	调整后平均容积率	调整后规模（万平方米）	可增加面积（万平方米）
西一区	52.27	104.54	2	2.5	130.7	26.1
待研究用地	5.61	14	2.5	待确定为镇产业用地		14
西二区	61.54	106.88	1.74	2.37	145.8	39
镇规划产业用地	42	69.3	1.65	2.4	100.8	31.5
总计	161.42	294.72			377.3	110.6

集体产业用地空间优化布局。通过规划条件分析，调整部分城市规划，围绕园博园、中关村科技园丰台园西区、中医药养生健康服务业示范区等重点功能区，将原来分散的规划产业地块集中优化配置到 4 个产业组团（8 个地块），作为乡镇试点统筹产业发展用地。

长辛店地区整合规划获得市规划委原则认可。长辛店镇2005年编制的《丰台区河西地区整合规划》始终未获批准，直到2012 年之前，也未进行新的区域性总体规划研究，形成 2/3 地区有控规而无总规的局面。一些开发商“吃肉吐骨头”，遗留了大量社会问题。为统筹整合各类专项规划，更新地区总体规划，2012 年启动编制了《丰台区长辛店地区整合规划（2014—2020年）》，并于 2014 年 10 月经丰台区政府报市规划委审批。2016年 5 月，市规划委复函，原则性认可整合规划思路，并要求结合乡镇统筹试点工作，形成全镇域统筹的规划实施方案。

2. 组织支撑：统筹方式、乡级主体与股权结构

采取镇域统筹与片区统筹相结合的统筹方式。与镇域 9 个村集体经济组织及其成员，加强沟通、宣传与培训，统一思想，拟组建镇土地资源联合社，股东采取动态进入的方式，由村集体将集体建设用地使用权变更登记到镇土地资源联合社，形成新的产权主体。先将起步区涉及的张郭庄和李家峪两村纳入联社，实现片区协同发展，捆绑实施。

联社是乡级主体的核心。联社委托镇集体资产投资经营公司，作为经营主体，具体负责试点地区的拆除腾退、经营管理和收益分配等。在地块开发立项环节，可以由镇投资经营公司通过农村产权交易所引入社会资本，联合成立投资主体负责项目立项申报。也可以通过集体建设用地使用权预期收益抵押融资由镇投资经营公司作为投资主体自主开发。

股权结构综合考虑人和地的因素。首先，根据人均最低工资标准，测算出各村指标需求。在 2014 年北京市最低工资收入水

平1560元/月基础上，上浮一定幅度，按人均1685元/月标准，日租金0.76元/天·平方米的标准，测算出各村合计需要119.2万平方米容积需求指标。① 其次，参照大兴区西红门镇的改造奖励标准，按照17.9%的指标奖励机制，测算出拆除腾退后各村合计容积需求指标为61万平方米。人口指标股与土地指标股比例约为2∶1。最后，依据各村总指标在全镇总指标中的比例，形成联社的股权结构，并以此制订利益分配方案（见表5－11）。

表5－11　　　　长辛店镇各村股份权重测算

序号	村名	农业户籍人口（人）	劳动力（人）	农民收入（2014年标准）	指标需求（平方米）	现状集体经营性建设用地（平方米）	指标需求（按拆建比17.9%，平方米）	分配产业总指标（平方米）	股权比重（%）
1	赵辛店	2450	1372	49553700	178636	190869	34136	212772	11.8
2	长辛店	1068	645	21601368	77871	190876	34138	112008	6.2
3	张家坟	1495	1006	30237870	109005	217338	38870	147875	8.20
4	张郭庄	1388	836	28073688	101203	200273	35818	137021	7.60
5	太子峪	2229	1364	45083754	162523	495723	88658	251181	13.94
6	李家峪	751	493	15189726	54757	249760	44669	99426	5.52
7	辛庄	2363	1577	47794038	172293	542702	97060	269353	14.94
8	东河沿	2751	1710	55641726	200583	522406	93431	294014	16.31
9	大灰厂	1860	1147	37620360	135618	800797	143220	278838	15.47
总计		16355	10150	330796230	1192488	3410745	610000	1802488	99.98

注：因四舍五入，百分比之和不等于100%。

3. *局部突破：规划指标暂按人均100平方米*

棚改项目带动试点项目。根据长辛店北区控规（报审稿）、生态城控规，张郭庄村棚改项目征地范围内占用耕地40.1公顷，

① 实际租金水平约为该标准的两倍，其目的在于通过降低租金水平而核算出更多的土地规划指标需求，并扩大人口股的权重，优先考虑人的因素，向人多地少的村进行股份权益倾斜。17.9%的指标奖励机制实际上是在人口指标股与土地指标股2∶1基础上倒算出来的。

约602亩，需要解决耕地占补平衡和集体产业项目两个问题。整治后保留132亩耕地（包括规划绿地占用耕地核减及新增复垦项目指标），其余470亩耕地占补平衡指标通过李家峪村工业大院拆除复垦项目解决。为此，将位于张郭庄村东侧、距14号线园博园站300米，距离五环线1.6公里且同时满足土规城规的集体产业用地D－05地块列为试点先试先行区，用于棚改后的两村劳动力安置。

项目设计方案及审批进展。项目地块占地5.24公顷，规划用途为村庄产业用地。根据村、镇意愿，产业用房规划指标标准暂按劳均100平方米建筑面积上报，突破了丰台河东地区参照绿隔政策的劳均50平方米标准，规划容积率不大于3.5，建筑规模约18.34万平方米。项目需要安置两个村的劳动力1417人，安置用产业用房总规模14.17万平方米。2016年5月，区规划分局对长辛店镇《关于征求长辛店镇D－05地块控制性详细规划意见的函》复函，表示原则性支持，但控规指标仍需由区政府向市规划主管部门申请。当年11月，市规划委对该地块予以正式批复，建筑体量核定为总用地面积5.24公顷，其中，村庄产业用地（C3）约4.80公顷，计划用于集体土地租赁房建设，城市道路用地（S1）约0.44公顷。总建筑规模约14.4万平方米。

（二）问题聚焦

北京市在推进农村社会结构转型进程中把郊区分为城市化和城乡一体化两类地区。城市化地区按照“全部上楼、全部转居、全部绿化”的标准有序推进。城乡一体化地区尚缺乏一套公认的标准，在联营联建、规划审批、确权颁证、抵押融资等环节，难以实现政策配套和衔接，只能采取一事一议、一村一策办法。长辛店镇改革试点的一个重要目标就是要探索建立城乡一体化（非都市）地区的规划管理标准体系，提炼出全市性的试点思想。

1. 城乡一体化的空间与产业布局的标准

丰台科技园西Ⅱ区占用了原规划镇属产业用地，但未能与镇域城镇化需求进行有效衔接，镇域剩余规划产业用地布局零散、利用粗放。城乡一体化地区发展的核心，是要破除园区发展与农村地区发展相脱节的痼疾，促进城乡融合，基本路径是构建“两类园区 + 两类社区”的城乡一体化基准形态：一是在镇一级发展科技、金融或高端制造类园区，生成具备产业与功能集聚能力的小城镇内核，配套农民集中上楼的城镇化社区；二是在村一级发展生产、生活、生态多功能的现代农业产业园区，配套一户一宅的传统农村庭院或联排别墅。

2. 乡镇统筹组织架构设计的标准

统筹方式。长辛店镇级经济实力较弱，难以进行全镇域的统筹。以棚改项目带动工业大院拆除腾退，实现先行区两个村的片区统筹。

乡级主体。通过委托经营，实现了产权主体与经营主体的分离，在市场风险面前建立了一道防火墙。

股权比例。综合人与地两方面因素，有效保障人多地少村的权益。

3. 审批程序与规划指标的标准

北京市村庄规划编制审批一般需要经过市规划行政主管部门派出机构组织审查后，再由地方区级政府审批。实际上，仍然是“村规划，市审批”，城市规划管理体制向农村地区简单延伸。农村地区有自身的特点，生搬硬套城市规划管理体制，犹如给农村地区穿了一件不合身的衣服，亟待改革。具体原因：农村发展所处阶段不同于城市，土地利用在时间轴上具有不确定性，难以像城市那样按部就班地先规划基础设施再进行项目建设；城乡审批层级多，市级政府管理部门难以掌握基层实情；集体土地具有社会功能，非单纯商品。需要明确农村地区社会发展转型阶段的特殊性，提高土地用途管制的弹性，研究新的审批流程，释放农村发展的活力，不能用管建设的思路去管理社会发展。核心是设定集体产业用地规划指标的标准。如长辛店镇D－05地块为了劳均

100 平方米标准，需要区政府向市级规划管理部门单独报批，拖延了试点工作进度。

（三）政策建议

长辛店镇乡镇统筹的改革思路，充分体现了“创新、协调、绿色、开放、共享”的新发展理念，对于大城市郊区探索新型城镇化道路，顺利完成农村社会结构转型具有重要的启发意义。特别是为“乡镇统筹”成为一个规范性概念，提供了又一个典型例证。贯彻和实施乡镇统筹的改革理念，需要进一步建立健全相关政策机制。

1. 出台联营公司或镇土地资源联社的专项制度政策

参照西红门镇、旧宫镇、长辛店镇等集体建设用地集约利用的新鲜经验，从统筹方式、乡级主体和股权结构等方面，出台“乡镇土地资源联合社（或联营公司）组建与经营管理实施细则”。提请市人大审议修改《集体资产管理条例》，明确联社或联营公司的集体性质、工商登记注册、税收、投融资等方面的制度规范。

2. 制定土地发展权的赋予标准和规范的审批流程

村庄整治规划需要落实区级审批原则。在具体指标数量标准上要按照农村地区的特点和实际发展需要确定。结合非首都功能疏解，以二道绿隔地区为重点，制定城乡一体化地区的规划发展权赋予标准，完善“以增促减”的激励机制。审批流程涉及产业项目立项、出具规划意见书、颁发规划许可证、集体建设用地使用权证、房屋所有权证等，要建立健全一整套闭环的集体建设用地集约利用的政策机制，形成城乡一体化（非都市）地区的新地政管理体系。可参考独立选址、应急工程等方式，提高土地用途管制的弹性。对于历史遗留问题，应本着实事求是的态度，特事特办。

3. 出台集体建设用地使用权变更、作价入股等专项指导意见

允许村集体将集体建设用地使用权证变更到镇级土地资源联合社或联营公司。村集体土地的所有权一般保持不变，保障村集

体和集体经济组织成员的收益权。通过使用权作价入股、租赁等方式，吸纳高端要素进入，推进产业升级改造。

4. 深化金融与财政体制机制改革

由银行负责出台腾退集体建设用地抵押贷款管理办法，设计信托、保险、基金等多元化金融产品，搭建规范清晰的抵押流程。将土地出让金溢价返还部分列入支农资金，用于保障退建拆迁和地区基础设施建设。参照上海市郊野单元做法，拆除腾退按照20万元/亩的标准实施奖励。结合平原造林政策、耕地保护奖励政策，提升规划还绿资金平衡能力。各区建立腾退集体建设用地集约利用试点基金，专项用于地区路网、污水处理厂、水厂等各类基础设施建设。腾退绿地纳入市平原造林工程，配套建设城市公园景观等。允许以集体土地使用权和房屋所有权的未来收益向银行申请质押贷款，亦可提供反担保。鼓励金融机构开展集体土地融资模式创新。

5. 把集体土地制度改革列入改革工作的核心

集体土地制度改革错综复杂，牵一发而动全身。要由市委改革部门牵头，建立定期的联席会议制度，并统筹修改、完善或出台专项法规及配套政策。在“两规合一”、腾退集体建设用地、产业升级、规划建设用地指标与耕地占补平衡指标测算、基础设施建设与公共服务配套、财政资金支持以及组织体制机制设计上，形成职能部门的工作合力。由投资促进部门发挥平台资源优势，积极做好高端要素的引入，实现腾退集体建设用地的产业升级。积极探索城市农用地的利用规范标准，探索市民农园、健康跑道、游憩休闲等精品绿色产业项目。此外，要统筹协调好改革、发展、稳定之间的关系，预估拆除腾退后与新产业成长前之间的群众承受力，实现社会风险的可控。

（四）一个扩展：二道绿隔地区“五区六镇”乡镇统筹利用集体建设用地试点的典型路径

二绿地区主要位于北京市中心城五环到六环区域，大部分在城市规划建成区外，约910平方公里，发展方向是城乡一体化。由于长期受到城乡二元的规划与土地管理制度以及农村土地产权碎片化的发展体制制约，集体建设用地集约利用缺乏完整的制度支撑，地不能尽其力，地利难以共享，收益往往为“地虫”“房虫”觊觎而攫取；低端产业链引致外来人口无序聚集，“大城市病”问题日趋尖锐。为贯彻落实北京市委十一届三次全会及市政府工作报告精神，按照市新型城镇化体制改革专项小组的要求和部署，自2013年以来，北京市农研中心与北京市规划院启动了“五区六镇”（丰台区长辛店镇、朝阳区金盏乡、大兴区青云店镇、通州区宋庄镇和台湖镇、顺义区高丽营镇）乡镇统筹利用集体建设用地试点工作，先后经历了二绿地区发展研究与乡镇试点规划调整研究、试点方案编制与审批以及局部地区规划实施三个阶段。从发展动力来看，主要有四类典型路径。

1. 重大项目带动型

通州区台湖镇位于亦庄新城与通州新城、五环与六环之间，劳均现状集体经营性建设用地433平方米。

平台搭建。成立光机电一体化、环渤海、星湖东和星湖西四个片区性的镇级集体资产联营公司。镇政府负责各片区村庄整治规划方案的报批工作。

产业配套。光机电基地带动周边的北神树和董村两村，环渤海总部基地带动“外六村”，北京市副中心文旅区及星湖科技园带动台湖东部地区20个村，分别进行用地与产业统筹。统筹地块通过为园区配套商业商务设施及租赁性住房等，与园区联合共生、融合发展。

资金统筹。北神树和董村两村工业大院腾退成本由北神树棚户区改造项目负担。环渤海总部基地“外六村”腾退成本已纳入环渤海总部基地一级开发项目。文旅区与星湖科技园20村纳入腾退成本在235亩经营性建设用地出让收益中列支。

2. 产业就地升级型

通州区宋庄镇纵跨东六环，辖47个行政村，劳均现状集体经营性建设用地435平方米。虽然周边缺乏重大项目带动，但经长期市场培育，已形成了规模性的原创艺术为基础的文化创意产业集群，不宜再像西红门那样实施“腾笼换鸟”，应就地实现产业升级。

平台搭建。分别成立小堡、辛店、徐辛庄—大庞、北刘各庄与白庙五个片区性的镇级联营公司，作为组织平台、融资平台、项目申报平台运作试点工作。镇政府负责村庄整治规划报批等事项。

就地升级。优先腾退现状规模偏小、效益低下的集体经营性建设用地以及低端散乱的艺术家画室，通过产权重置方式，规划产业统筹区，统一安排文化创意产业项目。

资金统筹。全镇现状集体企业的拆除补偿成本由部分镇域城镇建设用地的一级开发收益来平衡或通过集体建设用地使用权证抵押融资平衡。

3. 棚改带动改造型

丰台区长辛店镇位于永定河西，劳均现状集体经营性建设用地约336平方米。虽然区位较好，但该地区既无重大项目带动，也缺乏市场内生形成的原创性主导产业，主要借助棚改项目带动，实现“腾笼换鸟”，培育新型产业业态。

平台搭建。结合各村集体经营性建设用地拆除腾退面积及农业户籍人口数量，确定各村股份权重，成立镇土地资源股份联合社，并委托镇集体投资经营公司负责功能区建设、经营管理、收益分配等。

棚改带动。重点围绕园博园、中关村科技园丰台园西区、长辛店生态城等重点功能区，培育新型产业，先行先试区结合棚改项目实现腾笼换鸟。拟重点发展高新技术、文化创意、旅游会展、休闲体育、高端养老等绿色环保的大健康产业。

资金统筹。西一区采取协议出让或成本回购方式；西二区和镇规划产业用地自主开发或通过北京农村产权交易所引入社会资本，实现资金的镇域统筹。

表 5－12　　四类乡镇统筹利用集体建设用地典型路径的对比分析

类型	组织载体	发展动力	资金平衡	优势	劣势	参照案例
台湖镇重大项目带动型	1. 镇级片区联营公司 2. 镇政府	1. 重大项目带动 2. 部分地区“腾笼换鸟”	1. 重大项目负担 2. 部分地块出让	1. 经济基础条件较好 2. 农民市民化水平较高	镇政府与重大项目之间协调成本较高	1. 新航城 2. 中关村科技园 3. 亦庄开发区
宋庄镇产业就地升级型	1. 镇级片区联营公司 2. 镇政府	原创艺术的文化创意产业集群	1. 企业带资建设 2. 国有产业项目负担	1. 产业定位清晰 2. 保护原创产业集群	涉及部分宅基地，缺乏专项政策支撑	房山区黄山店村旧村改造
长辛店镇棚改带动型	1. 镇联社 2. 镇投资公司 3. 镇政府	1. 棚改项目 2. “腾笼换鸟”	1. 棚改项目资金 2. 企业带资建设 3. 部分地块出让	快速实现产业升级换代	1. 新产业培育过程较长 2. 市场风险较大	1. 西红门镇工业大院改造 2. 旧宫镇南街片区工业大院改造
青云店镇基础设施带动型	1. 镇联营公司 2. 镇政府	1. 基础设施带动 2.“腾笼换鸟”	1. 政府投资 2. 基金	奠定地区发展基础条件	1. 项目周期长 2. 产业定位不清晰	六环边缘地区开发项目

4. 基础设施推进型

大兴区青云店镇位于南六环南部，接近北京市域南界，镇域城市功能基础薄弱，劳均现状集体经营性建设用地227平方米，耕地面积占镇域面积的50%以上，属于典型的农业镇。既缺乏主导产业，也缺乏明确的产业发展方向，更无重大项目带动，需要首先以基础设施建设为杠杆，撬动镇域经济发展。

搭建平台。由镇级联营公司持有集体建设用地使用权。各村以规划指标为主、以现状存量占地规模为辅，合理确定股权比重，并将各村集体建设用地使用权证变更登记至联营公司统筹使用。

基础设施。推进道路交通设施建设，加快京台高速公路、南区西路的规划实施，以及四条一级路和多条县道。推进垡上工业园区、老镇区水电气等基础设施和环境整治，为大项目落地夯实基础。

资金平衡。计划原规划主干道、次干道、杨各庄湿地公园市政府负责主体投资，原规划支路市政府投资50%。拟由市发改委和首创集团共同发起设立新城镇基金，并按照青云店镇试点投资方案进行开发建设。

（五）乡镇统筹利用集体建设用地试点的几点启示

均衡发展是灵魂。传统城镇化主要是在土地、资本等要素市场分割条件下由政府主导的发展方式，倾向于“甩包袱”，人为压低转型成本，以加快推进速度，城乡与地区之间的空间布局与产业发展难以统筹兼顾，加之乡域整体规划的实施导致村与村之间市场机遇的差异，非均衡发展在一些地区有继续深化趋势。“均衡发展”应作为当前推进“三农”工作的首位目标。

规划激励是龙头。由于规划发展权赋予的城乡分割体制，农村地区建设需求受到长期压抑，形成大量违建、危建。如无规划或规划未批、城规与土规不交圈、总规与详规不衔接、审批程序“迷宫化”等。要本着务实的原则，参照“283”奖励机制，积极主动调整和完善规划的体制机制，充分发挥规划引领作用。

实施主体是核心。确立乡联社或联营公司作为实施主体，有利于优化镇域空间布局，突破单个村的局限性，在镇域范围内集中优化配置土地资源；乡联社持有集体建设用地使用权，按照“自有土地，自己使用”要求进行配置，规避法律天花板；在拆除腾退、规划调整等环节，发挥社区机制对资源配置的特殊作用。

政策闭环是支撑。乡镇试点的成功需要一整套相互衔接的政策体系支撑，形成一个相互衔接的政策闭环。如，对乡土地资源联社给予税收减免；以增促减，实施都市更新的容积率及规划用地指标奖励；明确联社持有集体建设用地使用权证；规划出抵费地。台湾地区土地重划，允许抵费地上市交易，承担重划成本，剩余收益用于基础设施建设和交还给原地主。可参照西红门 1 号地与旧宫“城乡接合部改造配套用地”承担工业大院拆除成本经验。

区级主导是保障。在村庄整治规划方案报批、出台试点指导意见、实施方案及拆除腾退等专项政策的诸多方面，区级党委政府发挥了主导性作用，有效地连接起了市级规划、国土、经管等职能部门和乡村基层部门不同“条块”的动能，形成了试点工作的强大合力。

五　来广营乡项目统筹模式

随着北京郊区城镇化进程快速推进和乡域规划的逐步实施，村与村之间发展不均衡问题日益突出。朝阳区来广营乡按照乡镇统筹发展的改革思路，以乡级集体经济组织为主要依托，乡集体与村集体按照“三三四”的股份比例，建立股份合作社，利用集体经营性建设用地，统筹发展产业项目，逐步实现村与村之间发展机会的均等化，探索了一条乡域均衡协调发展的新路子。

（一）基本情况

来广营乡地处朝阳区北部，东临崔各庄乡，西与奥运村一路相隔，南接望京地区，北与昌平区接壤。辖区总面积为20.93平方公里，下辖5个行政村、18个社区居委会、2个社区筹备处，辖区人口约为15.7万，其中，户籍人口3.6万，农业人口0.3万。

2000年以来，来广营乡紧抓绿化隔离地区建设机遇，大力推进城镇化建设。由于是按照乡域进行的统一规划，有的村规划绿地多，有的村规划建设用地多，按人均50平方米给予的产业用地也集中在少数村。前者，企业拆迁进行了绿化；后者，土地被国家征占拆迁补偿款多，开发了新的产业项目，村级集体经济发展强劲。以乡为单位的统一用地规划形成了村与村之间用地性质的差别，导致各村在发展空间上的差异，经济实力自然存在较大的不平衡。这种差异和不平衡既制约了乡村集体经济的进一步发展，也成为加快城市化转型的障碍。

为了促进乡域经济均衡发展，来广营乡提出了“党委领导、政府统筹、乡村联手、以强带弱、共同发展、自主投资、自主建设、自主经营”的发展思路，发挥各村集体和乡集体的优势（有些村有资金优势，有些村有资源优势，乡集体在统筹协调上有优势），通过乡村共同入股建设产业项目的方式，由乡集体扶持经济实力较弱的村建设产业项目，缩小村与村之间集体经济发展差距。

（二）主要做法

1. 按“三三四”股权结构组建乡村联营的股份合作社，进行产业项目开发

由乡集体牵头，按照投入资金自愿、资金使用公开、收益按年兑现的原则，乡村两级共同出资建设和运营重点产业项目，各村按股分红，共同受益。

朝来购物中心项目占地3.11公顷，土地为红军营村所有，规划性质为来广营乡集体产业建设用地，规划建筑面积9.8万平方米。项目总投资3.8亿元，全部由乡村集体合作投资建设，其中实业总公司代表乡集体出资30%，红军营村出资30%（土地属该村所有，该村要求占较大股份），来广营、新生、北湖渠和清河营4个村各出资10%，共计40%，即“三三四模式”。项目已于2011年建成后出租给红星美凯龙公司经营。2011年股东实现第一次分红，截至2013年年底，乡村股东共享受分红7500万元。

2. 进一步完善乡村统筹均衡发展机制

由于乡一级和实力最强的红军营村股份占比过高，乡一级对各村的扶持有限，村与村之间的平衡也有限。在“三三四”股权结构的基础上，计划在朝来汽车培训中心项目中，逐步降低乡级股份比例，股权向其他4个经济薄弱村划转，从而，降低红军营村股份比例。

3. 一村一项目扶持计划

由乡集体立项、村集体投资运营按绿化面积配建3%—5%建设用地形成的绿色产业项目来扶持集体经济薄弱村。来广营乡集体计划分别扶持来广营、新生、清河营、北湖渠四个村建设运营朝来老年公寓、朝来文化艺术创业园、清河营休闲服务中心和朝来足球活动中心，进一步缩小四个村与红军营村的差距。

（三）几点启示

1. 均衡发展应成为新时期深化农村经济体制改革的首位目标

以经济总量为主要目标的发展方式下，结构性矛盾日益凸显，地区之间、城乡之间的非均衡问题日益突出。来广营乡由于早期实施的乡域整体规划，客观上形成了镇域范围内村与村之间发展机会的不均等，发展差距逐渐拉大。来广营乡通过“三三四”体制机制创新，实现了“村自为战”向“乡村统筹”的发展模式转变，促进了乡域均衡发展。

2. 乡镇统筹是乡域均衡发展的客观要求

村社区集体经济组织与村行政区划的边界高度一致，天然形成了集体经济组织的产权封闭性特征，导致了“村自为战”的发展格局，村与村之间缺乏足够的协调能力。需要通过更高一级的乡镇统筹的方式方法来破解村与村之间发展不均衡的问题。

3. 股份合作是乡域均衡协调发展的有效实现形式

城乡与区域均衡发展的首要条件是市场体系在城乡与区域之间的一体化，要通过产权社会化，变“村自为战”的“小核算体制”为乡镇统筹的“大核算体制”，破除城与乡、村与村之间的要素市场分割。乡集体与村集体通过股份合作方式，突破社区封闭，是乡域均衡发展的有效实现形式。

（四）进一步思考：五类乡镇统筹典型模式的对比分析

随着北京市中心城产业和功能向郊区扩散和转移，产业项目越来越大，土地资源越来越少的矛盾日益凸显。通过镇域统一规划，集中优化配置资源又容易导致地区之间发展差距的拉大，形成“大产业发展与村级小核算体制”之间的矛盾。北京郊区为促进镇域经济均衡发展，解决土地产权碎片化问题，已经成功探索了多种乡镇统筹发展的典型模式，以统筹对象为主要标准，大致有五类。

1. 东升镇存量资产乡镇统筹模式

在集体经济发达地区，乡镇集体经济组织有大量的集体资产积累，成为经济发展的主要依托和乡镇统筹的主要对象。东升镇位于海淀区东部的城乡接合部地区，下辖清河、马坊、八家等7个行政村。东升镇集体经济组织为“一级所有，分级核算”体制，由镇建立经济合作总社进行统一管理，7个村级股份合作分社和三个镇级股份合作分社实行分级核算。其中，镇级集体经济组织原下辖海升、工业、供销和八达四个二级公司及十余个直属企事业单位。从2002年起，东升镇开始启动集体资产改制工作，并采取了“先村后镇”的改制程序。按照清产核资的办法，确认全镇集体经济组织净资产为28.15亿元，其中，7个村经济合作分社净资产21.15亿元，镇直属企业净资产7亿元。在完成村级产权制度改革之后，对4个镇二级公司进行了镇级产权制度改革。

主要做法：“先重组，后改制”。坚持有利于合理配置资源原则，将原镇二级公司资产重组整合为新的三个股份经济合作社，提高了企业的专业化水平。按照分类管理和人均资产相对均衡的原则，对镇属企事业单位进行资产重组，并按照科技服务业、商贸服务业和物业服务业三个专业板块，分别组建了博展、海升、新东源三个新的二级公司。2010年，在此基础上，成立了3个股份经济合作社。镇、村两级集体经济组织改制完成后，总社下属的十个股份经济合作分社成为集体资产的实际所有者和经营者。总社是全镇各股份经济分社中集体股的所有者代表，并在镇党委、镇政府的指导下，对各股份分社集体经济及股份经济合作社集体资产进行管理和监督，并享有各分社集体股的所有权和分红权，但不直接参与经营。

通过企业和资产重组，明确企业间产业分工，实施分类管理，促进集体经济发展。新组建的博展科技发展公司，充分利用地处中关村核心区的区位优势，整合闲置资源，开发建设了集总部基地、高科技产业研发基地、中试与创业孵化基地、高新科技成果展示及相关配套服务于一体的综合性园区——中关村东升科技园，成为东升镇域经济发展的“火车头”。

2. 崔各庄乡存量土地入股乡镇统筹模式

经济相对薄弱地区，缺乏积累性资产，推进乡镇统筹发展，主要依托各村的土地资源。朝阳区崔各庄乡位于第二道绿化隔离地区和温榆河绿色生态产业发展带，全乡纳入绿化隔离地区和温榆河绿色生态建设总体规划，两项规划均以乡为单位，打破了行政村界限，各村规划绿地和产业用地面积不等，促进乡域经济社会均衡发展的要求十分迫切。

主要做法：乡辖区内的15个村以村域范围内集体土地使用权入股成立乡土地资源股份合作联社，按照各村土地面积占全乡土地面积份额确定持股比例，并以此获取分红和其他形式的利益分配。联社注册总资本100万元，设定原始股总股本100万股，每股面值1元。为保证独立开展经营管理活动，崔各庄乡厘清联社、乡农工商公司以及乡政府的职责关系。联社主要对村集体土地实施统一规划利用，以及对土地补偿款统筹使用；乡农工商公司主要管理乡级直属资产，包括乡政府全额投资的企业；联社、农工商公司接受乡政府的管理，乡政府不干预联社的具体经营管理。

3. 西红门镇增量集体建设用地指标乡镇统筹模式

大兴区西红门镇探索了集约利用集体经营性建设用地的乡镇统筹模式，统筹全镇域的新增规划集体建设用地指标，利益关系相对复杂，运作成本较高。具体情况参见第五章“西红门镇域统筹模式”。

4. 永定镇农村经营性物业信托化开发乡镇统筹模式

为创新农村集体资产经营管理方式，提高农村集体资产抵御和应对市场风险的能力，在借鉴国内外资产信托化经营管理成熟经验的基础上，门头沟区永定镇拟采取集体经营性物业信托化开发乡镇统筹模式。

主要做法：首先以按份共有为原则，以永定镇拆迁村民手中的人均40平方米的经营性物业作为信托财产，以村为单位组建土地股份合作社，将农民的经营性物业指标集中起来，并由土地股份合作社按照40平方米为一单位向农民发放受益凭证；以各村土地股份合作社为单位，组建乡镇土地股份联社，联社为每一位农户及每一个村土地股份合作社设立专有账户，在此基础上建立收益分配账户管理系统；由股份联社与信托公司签订信托合同，把经营性物业的开发经营权统一委托给信托公司，由其按照合同约定通过成熟的市场化开发运营模式对委托的经营性物业进行专业、规范的开发、建设和运营，并通过收益分配账户管理系统，定期将经营利润返还给信托合同约定的受益人。合同到期后，被委托的信托公司或者开发企业将物业按照合同约定的方式移交给土地股份合作社或者土地股份联社。政府、村集体和经营管理部门负责提供服务，不干预信托公司对信托资产的具体经营管理。属地银监局对信托公司的经营行为进行监督。

为更加清晰地对五类乡镇统筹典型模式进行对比分析，列成若干分项标准，进行细化比较，如表 5－13 所示。

小结：乡镇统筹均衡发展是地区经济发展的一般经验，是中国未来转变经济发展方式，深化农村经济体制改革的首要目标和基本方向。

自改革开放以来，农村经济体制经历了波澜壮阔的变革历程，舒展为一幅瑰丽的画卷：人民公社解体，建立家庭承包双层经营体制，到乡镇企业兴起，再到发展农业龙头企业、农业社会化服务体系、农民专业合作社、农村集体产权制度改革、农村产权交易、农村集体资金资产资源信托化经营，等等。在体制变革的背后，可以看到一条清晰的主线，即适应生产社会化的要求，通过市场体系和市场主体的发育，逐步完成由传统计划经济体制向社会主义市场经济体制的转型。但是，在政社不分、村级核算的体制条件下，村集体经济产权封闭，容易导致村与村之间的市场分割，加之规划、土地、金融等城乡二元制度的制约，形成了地区之间经济发展的失衡，客观上要求通过乡镇统筹方式实现乡域均衡发展。实际上，不只在北京郊区，国内许多地区，特别是经济发达地区已经涌现出了大量的乡镇统筹发展模式，如上海闵行区的莘庄工业区联合社、松江区新桥镇经济联合社、江苏吴中地区的横泾街道物业股份合作总社等。近年来，上海不断深化镇级集体产权制度改革，江苏吴中地区已实现镇级农民合作联（总）社全覆盖。在中国台湾，每个乡镇农会都有自己的办公大

表 5－13　五类乡镇统筹典型模式的对比分析

类型	统筹对象	统筹范围	组织载体	优势	劣势	总体评价
来广营乡乡村统筹模式	1. 土地资源 2. 资产股份	1. 项目实施地区 2. 辖区内各村	乡农工商总公司及村集体组建的股份合作社	1. 发挥乡集体经济组织带动作用 2. 转化集体经济薄弱村	1. 股份比例通过乡村博弈形成 2. 股权结构的不尽合理限制了实施效果	1. 发挥了平衡村与村之间收入差距的作用，尚需进一步完善 2. 关键点在于乡级集体经济实力的壮大
东升镇存量资产乡镇统筹模式	集体资产	全乡二级公司及直属企事业单位	重组后的股份经济合作社	有利于提高专业化、规模化，改善资源配置效率	集体资产经营投资风险大	1. 提高了资源配置效率 2. 促进了均衡发展
崔各庄乡存量土地入股乡镇统筹模式	镇域各村集体土地使用权	辖区内各村	土地资源联合社	有利于乡域规划落实	涉及区域面积大，操作复杂，运行成本高	1. 建立了乡域均衡发展的体制机制 2. 完善了土地收入分配机制
西红门镇增量集体建设用地指标乡镇统筹模式	新增集体建设用地指标	辖区内各村所属的工业大院	1. 镇集体土地股份联营公司 2. 镇资产管理有限公司	缓解人口、资源、环境矛盾	受拆除腾退进程制约	1. 促进了集体土地集约高效利用 2. 平衡了地区之间的利益诉求
永定镇农村经营性物业信托化开发乡镇统筹模式	资金、资产或资源受益凭证	部分村	1. 村经济合作社 2. 乡联合社 3. 信托公司	1. 提高资产经营效益 2. 降低资产市场风险	1. 程序相对复杂 2. 存在经济周期波动风险	1. 促进了农民增收和集体经济壮大 2. 跨越了城乡二元土地制度的鸿沟

厦、信用部、运销公司、超市、培训中心等，是农会组织体系的基础，发挥了重要的镇域经济社会统筹功能，对大陆地区产生了重要的示范效应。如湖北省建始县、四川省仪陇县、山西省永济县蒲州镇等地已在探索试验综合农协。即使远在南非的维兹伯格小镇，也能看到乡镇统筹在葡萄酒的生产、加工、销售乃至乡镇社区整体发展中所发挥的重要功能和作用。正如五种乡镇统筹发展典型模式的归类和对比所表明的，由于体制、区位、文化等各类基础条件的差异，乡镇统筹的形式可以是多样的，但均衡发展的核心思想是一致的，这也反过来说明乡镇统筹发展应是地区经济发展的一般性经验，是转变经济发展方式，深化农村经济体制改革的首要目标和基本方向。依托乡镇统筹实现均衡发展已是大势所趋。

六　塘约道路：从“户自为战”到“九村共建”

2017 年，中国农村改革已近不惑之年。深水区和攻坚期的农村改革，综合性、复杂性、艰巨性空前。客观上需要深刻认识和精准把握改革开放以来农村组织体制演变的基本类型和未来趋势，增强改革的主动性、自觉性和自信心。塘约村，暴发洪水之后，全村干部群众在党支部的坚强领导下，彻底改变了过去“户自为战”的发展体制格局，重新组织起来，走集体经济发展道路，两年实现脱贫，由贫困村变为小康村。并在镇党委政府的带动和指导下，与周边八个村庄探索联营联建，协同发展的新路子。塘约道路，像一滴水折射出了农村组织体制演变的内在规律性特征，具有深度解剖的价值和意义。

（一）塘约道路的成功密码：党支部、带头人与集体经济组织

1. 塘约道路的本质特征是重走集体经济发展之路

塘约村为什么会成功？人们更多地倾向于认为，首先要有一

个坚强的党支部和优秀的带头人。问题在于洪水之前，也是现在的党支部，也是现在的带头人。左文学在2002年被选为村主任，2004年担任村支书，到2014年，当村干部已经12年，在村支书位置上也已干了十年，塘约村依然是国家二级贫困村。显然，这种观点不足以从根本上解释塘约道路的成功密码。反倒容易陷入过度夸大主观能动性的樊篱。像青岛对口帮扶、上级拨来的扶贫资金等外部因素，也只能是外因，是塘约村发展的一般性经验。

正如美国诺贝尔经济学奖获得者诺斯在研究西欧国家竞争的规律时发现的，产生有效率的经济组织是一个国家强盛的真正原因。就村庄发展而言，形成一个有效率的经济组织同样至关重要。塘约村在洪水暴发前后最重大的变化，就是成立了产权清晰的新型社区集体经济组织，并在左文学为党支书的党员干部带领下，把农民有效地组织起来自己干，实现了“小村庄”的“大转变”。

一般认为，集体经济往往是低效率的，公司、农户的效率往往要高于集体经济。实际上，这是忽视经济组织社会效益情况下的片面看法，没有全面考察一个组织的综合效率。2014年，塘约村开始发展集体经济之前，在“户自为战、单打独斗”的发展体制格局下，农业经营比较效益低，经济发展基础薄弱，村民纷纷外出打工，土地撂荒率达到了30%，人均收入不足4000元，全村1460多壮劳力中一度有1200多人在外务工。面对突如其来的洪水，通过重新组织起来走集体经济发展之路，实现两年大变样。一组数字可以清晰说明发展集体经济所带来的“山乡巨变”：2014—2016年，塘约村农民外出务工人数逐渐下降，分别为860人、352人、50人；贫困人口数逐年下降，分别为643人、82人、19人；集体资产逐渐提升，分别为3.92万元、81.4万元、202.45万元；农民纯收入逐渐提高，分别为3786元、7943元、10030元。

通过发展集体经济，塘约村成为幸福和谐的小康村，实现了重建家园之梦。并正在通过“八村＋塘约”，在镇级统筹的体制机制支撑下，加强产业统筹、资源统筹、市场统筹，打造集体经济的升级版。2017 年 9 月，北京市农研中心课题组第二次赴塘约调研时，已基本完成了联社组建方案。走集体经济发展道路，进而带动深层次、全领域的农村综合性改革，成为塘约道路的成功密码，反映了塘约道路的本质性特征。

2. 集体经济发展离不开党的领导

新型集体经济组织的建立可以解释塘约道路的成功，并不等于就此否认带头人和党支部的关键作用，两者之间并不矛盾，是互促互融的关系。集中体现在三个层面：

党中央的政策导向。21 世纪之初，党的十六大提出“城乡统筹发展战略”之后，又陆续提出“重中之重”“两个趋向”“以工促农、以城带乡”、新农村建设与城乡一体化新格局等。党的十八大以来，习近平总书记提出了守住土地集体所有制底线、三权分置、精准扶贫、金山银山等“三农”改革与发展的一系列重要论断，形成了中央层面促进集体经济发展的政策导向。

地方党委政府的大力支持。从时任中共贵州省委书记陈敏尔到安顺市委书记周建琨，再到乐平镇党委书记马松为代表的各级党委政府，从发展思路、政策集成、资金扶持以及破除“条块”分割的管理体制等多个方面，加大扶贫力度，提高扶贫精度。2014—2016 年，投向塘约村的国家各类扶贫资金，共计 3000 余万元，极大地改善了村庄基础设施条件。

村党支部与带头人的坚强领导。农民都是用眼睛选择前途的。以党支书左文学一班人身先士卒，带头改革，调动了广大群众流转土地、集中精力发展集体经济的积极性。通过“积分制”和“驾照式”管理，“定岗不定人”，把党的领导置于村民监督之下。党员干部三周测评不达标，自动去职，赢得了民心。

（二）农村组织体制演变的基本类型

十一届三中全会后，“统分结合，双层经营”的家庭联产承包责任制逐步确立起来，调动了农户生产积极性，迅速解决了全国性的农民温饱问题。1984 年发生的“卖粮难”问题，催生了农业多种经营和乡镇企业的快速发展，形成了“离土不离乡，进厂不进城”的第一次民工潮。后来，由于外部经济政策环境变化，加之乡镇企业内部治理结构的缺陷，农村工业化进程在 20 世纪 90 年代遇到了严重的“瓶颈”制约，农民非农转移的方向开始向大中城市转变，形成了第二次民工潮，直至持续到 2004 年的“民工荒”。之后，农民工返乡创业潮形成并呈逐渐扩大态势。

总体上看，改革开放以来，“统分结合，双层经营”的家庭承包经营体制向着不同方向演变：“分”的功能维持下来或进一步加强；“统”与“分”同步弱化，让位于社会资本或大户；“统”的功能不断加强。

1. 家庭经营主导模式

全国大部分农村地区以农业经营为主，集体层次的经营趋于弱化，形成“户自为战”的局面。贵州省湄潭县创造了“生不增，死不减”的土地承包制度改革经验，维持了土地承包关系的长期稳定，形成了家庭经营为主导的组织体制模式，其经验也已推向全国。实地考察发现，湄潭县以茶叶为地区主导产业，经济价值较高，且收益期长，不宜频繁改变产权关系。户均茶地 2.5 亩，每亩纯收入达到 4000—6000 元。但是，由于家庭经营主导，往往缺乏社会化服务的有效供给，且农户经营规模有限，容易进入边际收益递减区间。一些农户按照收益对半分的合作方式，雇用外地人来采茶，节省出来的时间，农民还可以外出赚取务工收入。随着城镇化进程的快速推进，加之农户的老龄化趋势，家庭承包经营模式不可能全国范围性的长期存在下去，大部分地区会面临着方向性选择：走集体经济的内生性发展道路，还是走工商资本主导的外源性发展道路。

2. 工商资本主导模式

在工业化、城镇化阶段，产生了大量的以非农收入为主的兼业农户，农业经营日益粗放，农业生产效率较低。一些地方的村集体或村委会作为转包站，将农户承包土地流转集中，交给外来社会资本经营开发。洪水之前，塘约村的田地也有外来老板承包。工商资本进入农业，在一定程度上有利于提高农业生产效率，但是，这属于纯市场行为，企业往往更注重私人成本，而不是社会成本，不可能肩负起农村整体社会转型的重任。贵阳市观山湖区新农村建设中，区级成立土地流转平台，引入浙商等社会资本。同时，成立了“五社”：置业合作社、资产合作社、土地股份合作社、旅游合作社、劳力合作社，较好解决了与工商资本合作过程中的农民利益保护问题。但是，“公司＋农户”模式下内在的利益冲突容易引发负和博弈。农民和集体一旦丧失经济发展主导权，仍然会蜕化到资本圈地改造小农的发展路径上去，导致“农业私人庄园化”。

3. 集体经济组织主导模式

集体经济主导的组织体制模式，一般出现在长三角、珠三角或城市近郊等有着较好的产业基础和区位优势的地区。如上海的九星村、广州的杨箕村、北京的窦店村等。其特点有：一是经济规模大，分工深化，往往有一个包括种植、加工、运输、建筑等在内的完整产业链条。二是“社＋公司”为代表的产业组织体系较复杂，经济效率较高，实现了社区集体产权封闭性与开放性的有机统一。集体经济组织直接办公司，公司可以再办公司。三是强有力的带头人，党支书往往就是集体经济组织的核心人物。四是农民收入水平较高且内部较为均衡，社会稳定和谐。五是监督工作仍需要加强。既要深化集体产权制度改革，健全法人治理结构，加强内部监管，又要探索行政管理体制上成立执法更加有力的经管局、农资委等，加强外部监督。避免出现内部人控制，导致“小官巨腐”问题。随着农村城镇化进程的快速推进和集体经济法规政策环境的逐步改善，这类村庄会越来越多，带动农民实现共同富裕的特殊作用将日益显现。

表 5－14　　农村组织体制演变的三种基本类型

基本类型	特点	目标	代表地区	典型代表
家庭经营主导	1.“户自为战” 2. 分散经营 3. 公共服务缺失	1. 温饱 2. 增收	农业经营为主地区	1. 贵州省湄潭县 2. 小岗村
工商资本主导	1. 农户多外出打工 2. 农民利益缺乏有效保障	1. 资本形成 2. 产业发展	集体经济十分薄弱地区	长辛店镇
集体经济组织主导	1. 完整的产业链条 2. 复杂的组织体系 3. 资源条件较好 4. 强有力的带头人	1. 脱贫 2. 共同富裕	1. 长三角 2. 珠三角 3. 城市近郊 4. 一般地区	1. 华西村 2. 兴十四村 3. 塘约村

（三）从塘约道路看农村组织体制演变的典型路径与未来趋势

经济社会发展阶段不同，要解决的主要问题不同，生产方式也就不同。作为市场主体，企业一直是经济体制改革的中心环节。公司、合作社都属于企业的一种类型。从经济属性上讲，集体经济也属于企业范畴，是特定发展阶段的生产力、生产方式、生产关系的执行者。2017 年 3 月通过的《中华人民共和国民法总则（草案）》，把集体经济组织界定为特别法人，实现了历史性的突破。塘约道路，实质是家庭经营模式拒绝向社会资本主导模式转变，而是向集体经济组织主导发展模式转型，即“自力更生，艰苦创业”，适应了城乡与区域均衡协调发展成为新时期国家经济社会发展时代主题的客观要求，代表了农村组织体制演变的未来趋向。具体表现为“两个转变”：

1. 由“户自为战”的家庭承包经营向“村社一体，产权清晰”的新型集体经济组织转变

20 世纪 90 年代初，邓小平同志提出“两个飞跃”的重要论断，就是要在“统分结合，双层经营”的家庭承包经营体制基础上，适应生产力发展的客观要求，进行二次飞跃，壮大集体经

济。学习和推广塘约道路，一方面，要将农民组织起来，走集体经济发展道路，在村庄内部形成发展壮大集体经济的文化场；另一方面，要营造集体经济发展的外部政策环境，为集体经济发展提供全方位支撑。如图5－4所示，改革开放以来，塘约村组织体制演变经历了三个阶段：第一阶段为“户自为战”，解决温饱，促进农民增收。农户是农村经济发展的主体，或者务农，或者外出打工。第二阶段为村社一体，实现小康。农民不是将土地流转给社会资本，而是发挥集体经济组织的龙头带动作用，入股土地股份合作社，由村集体统一规划布局，走集体经济发展道路。同时，深化产业分工，组建了运输公司、建筑公司、水务公司等专业化产业组织，初步形成了村域的产业组织体系，提高了人力资源、土地资源的配置效率。未来随着村合作社下属公司的发展壮大，可以进一步深化分工，成立产权更加开放的子公司，扩大集体经济的经济控制力和带动力。第三阶段为乡镇统筹，均衡发展，即“第二个转变”。

2. 由“村自为战”的村集体经济向“联营联建、均衡发展”的乡镇集体经济转变

随着集体经济产业发展和分工深化，需要在更大、更广、更深领域实现分工分业。在“村自为战”的发展体制格局下，土地产权是碎片化的，难以跨村进行资源整合以提高配置效率，产业发展与村级核算体制之间的矛盾会逐渐凸显出来。适应社会化大生产的要求，集体经济会进一步寻找自身更高级的实现形式，集体产权会进一步社会化。“联村联营，镇级统筹”的集体经济发展模式应运而生。当集体经济进入镇级统筹的发展阶段后，农业现代化、农村工业化与农村城镇化就会融合在一起，进入到城乡一体化阶段，农村社会结构转型与农民本土型城镇化，就将获得有效的体制支撑而成为现实。

“八村＋塘约”的发展态势，对农村组织体制演变的未来趋向发出了强有力的信号。在镇党委政府的统筹协调下，塘约村与

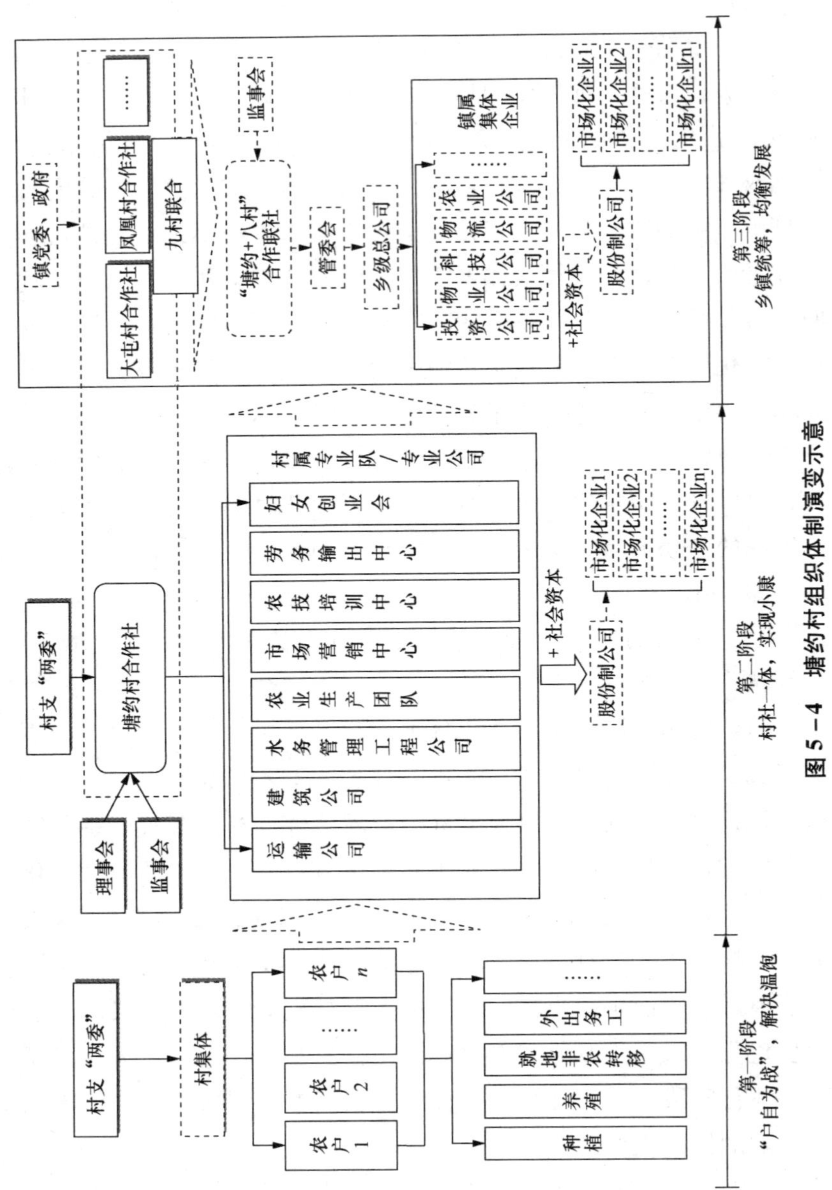

图5-4 塘约村组织体制演变示意

大屯村、凤凰村等九个村联合起来，组建“塘约 + 八村”联合社，社下设立新的专业化公司，在更大范围内统筹资源配置，带动地区产业升级和社会结构转型，实现乡镇统筹，均衡发展，最终完成本土型城镇化的历史任务。

第六章　乡镇统筹的要点解析

2017 年 4 月，北京市召开乡镇统筹利用集体建设用地试点工作宣贯部署会，明确了试点工作的总体要求、政策支撑和保障机制，标志着乡镇统筹利用集体建设用地试点工作转入扩大试点阶段。试点工作以“乡镇”为基本单元，在全市 13 个涉农区各选择 1 个乡镇，探索农村集体建设用地集约利用的途径和机制。试点乡镇有朝阳区金盏乡、海淀区温泉镇、丰台区长辛店镇、门头沟区王平镇、房山区青龙湖镇、通州区台湖镇、顺义区高丽营镇、大兴区青云店镇、昌平区北七家镇、平谷区大兴庄镇、密云区穆家峪镇、怀柔区渤海镇、延庆区大榆树镇。

基于多年来的乡镇统筹利用集体建设用地改革试点工作实践，按照“复杂问题、有限求解”的思维方式，对乡镇统筹的若干重要问题进行梳理和提炼，形成较系统的可复制的改革试点思想，可以作为试点工作的入门导则。因此，本章是对第三章、第四章和第五章的一个总结。

一　战略目标

近年来，中国经济增长动能不足、大城市病、农民市民化进程滞后等问题日益凸显，经济社会发展进入总量性矛盾让位于结构性矛盾的新阶段，推进供给侧结构性改革成为中央、各省市经济领域的中心工作。特别是对于作为“首善之区”的首都而言，促进城乡与区域均衡协调发展已经成为第一要务。农村集体土地改革牵一发而动全身，在全市总体改革蓝图中举足轻重，被称为最大的供给侧改革。大兴区西红门“283”模式、二道绿隔地区“五区六镇”乡镇统筹利用集体建设用地试点在均衡发展的战略目标统领下，力求达到“一石三鸟”的基本目标。

（一）空间统筹，规划还绿：缓解人口、资源、环境矛盾的“大城市病”

推进规划还绿，改善城乡生态环境，积极探索“以绿养绿”的新机制、新模式，实质是倒逼空间统筹，促进城乡与区域的均衡发展，达到城乡共赢。传统的工业化、城镇化推进路径和机制主要是城市新区或产业园区建设征地、农民失地同时获得低水平补偿、外来人口涌入完成一个经济循环周期。由于产业园区封闭化运行，工业化、城镇化未能有效地带动当地农民市民化，留下了大量的“城中村”，形成人口、产业的无序聚集，诱发“大城市病”的集中爆发。城市规划不可能细化到每一个村，可能一个村是绿地、高速公路、污水处理厂、垃圾处理厂、热电厂，另一个村就是经营性建设用地。要充分发挥规划的空间资源统筹功能，引导原来零碎的集体建设用地资源进行空间上的集中优化布局，在集体土地上为农民留下可持续发展的产业用地。集中城镇化地区，特别是城市的边缘地带，可将建设用地指标集中到交通条件好、功能定位清晰的地区。只有这样，“大城市病”才能得到根本性缓解。

（二）产业统筹，减量提质：拆除腾退是关键环节

破解“大城市病”的关键是通过拆除腾退低端“瓦片经济”，疏解非首都功能，减少低端产业与流动人口，并完成产业项目的统筹布局，解决产业发展相互分割、分散、形不成区域集聚效应的问题。要弄清楚人口、资源、环境条件，瞄准产业升级，探索乡镇统筹的产业发展新路子，提高集体建设用地集约利用效益。要有法定规划和政府许可，提高农民市场谈判地位，吸引国有企业、外资企业或上市企业等高端要素进入。要通过乡镇统筹产业发展的办法，淘汰“小、散、低、劣”，与当地的主导产业功能结合，合理布局园区，培育新型产业，实现地区经济有序健康发展。

（三）利益统筹，城乡一体：促进农民就业增收

“腾笼换鸟”，培育高端化的集体产业，让农民在城镇化进程中拥有永久的利益依托，实现“带资进城”，促进城乡与区域之间的利益统筹与均衡发展。北京城市规划立足于大都市特点，村与村之间发展机会差异较大，需要通过乡镇统筹的方式解决辖区内利益平衡问题。空间指标集约、产业优化升级、土地资源的盘活、流转与集中配置，前提均是在村民代表自主自愿的基础上进行，统筹兼顾好各村的利益、村民的利益。建立健全组织体制机制，形成综合的利益统筹平台，支撑各项跨村域重大项目建设的快速推进。在远郊平原、山区等非集中城镇化地区，更需要乡镇统筹的体制机制，如发展乡专业合作联合社，对客源进行统一分配，乡村旅游基础设施、公用设施以及各类必需器具统一配置等。

二　实施主体

城乡一体化是均衡发展的内在要求，主要有两层含义：一是城市郊区化，即破除城乡二元体制，加快中心城区产业和功能，特别是城市管理和公共服务功能向郊区转移；二是提升农村，加快完成农村城市化、城镇化转型和社会主义新农村建设。从实施主体来看，城乡一体化要涉及市、区和镇三个基本层面，关键点是界定政府、市场与社区集体的边界。

（一）市指导、市备案

市级主要包括改革牵头部门、专项改革领导小组及规划、国土、发改、经管等职能部门。在政策支撑、工作流程、工作机制等方面加强指导，推进产业布局、基础设施、城乡规划、社会保障等领域的城乡一体化。

（二）区主导、区审批

区级要搭建“农资委＋（区级集体经济联合会）＋专项基金”的乡镇统筹利用集体建设用地的组织架构。区级要发挥好枢纽作用，搭建乡镇统筹发展的主平台，主导农村地区的社会结构转型。以专项基金为依托，为乡镇联营公司提供启动资金和风险担保。以区土地改革试点办为统领，协调组织各乡镇的规划审批、拆除腾退、项目申报等工作。

（三）镇村主体、镇村联营

主要包括行政管理主体、集体产权主体和项目经营主体，实质是政府、社区与市场三种资源配置机制的耦合。其中，行政管理主体中，镇党委为重大事项决策主体、镇政府为专业化管理主体，做好规划调整与实施方案审批、政策引导与集成、产业准入等各项标准设定、基础设施建设以及专业服务支持等工作。集体产权主体为乡联社或联营公司。为便于进入市场，加强内部规范化管理，现阶段一般可不设立联社，直接建立联营公司。重点做好拆除腾退、项目建设、运营管理和收益分配等工作。各个村级集体经济组织为联营公司股东，是集体建设用地的所有权主体，村集体经济组织成员为收益主体和民主决议主体。联营公司要加强集体经济性质的法人治理结构建设，主要包括有效的内部治理机制、经营管理部门为代表的主管行政部门监管、党的组织对人员的管理三个方面。项目投资主体可以由联营公司与国有企业等社会资本合作，以集体建设用地使用权作价入股或共同出资成立新的股份制公司，进行项目立项申报与开发建设。

三　供地方式

乡镇统筹利用集体建设用地的内在动因是让农民带着资产进城，完成社会结构转型。主线是处理好人地关系。突破口是以供地方式的改变解决资金平衡问题。

（一）三种不同的供地模式

1. 征地转非

征地转非就是把集体建设用地大部分或全部征为国有，农民按比例或整建制转变为市民，并由村集体经济组织独立或联合持有预留产业用地，作为农民转居后永久的利益依托。如门头沟区潭柘寺镇，经过区级统筹指标、土地整理、变性为国有，分别定向出让给4个村集体经济组织，形成30亩、23亩、17亩、25亩四块地，合计6.5公顷，建筑面积8.6万平方米的集体预留产业用地。为发挥规模效益，加快产业开发，按照各村的预留产业用地面积比例确定各村出资额，由四个村集体经济组织投资组建潭柘聚业房地产开发有限公司，受委托进行集中统一经营。预留产业用地涉及的村民全部转非。

2. 部分征部分转

大兴区西红门镇、旧宫镇在镇级统筹利用集体建设用地过程中，为解决拆除腾退等资金需求，把少量集体建设用地走征地与大部分集体建设用地集约利用结合起来。二绿地区“五区六镇”乡镇统筹利用集体建设用地试点，借鉴了先行地区的经验做法，如丰台区长辛店镇、朝阳区金盏乡结合棚改、房山区良乡镇结合一级开发项目，推进集体建设用地减量提质，实现集约节约利用。也可以土地作价入股、租赁等多种方式进行开发建设。征地涉及人员一般按148号令的相关规定按比例转非。

3. 直接入市

主要是在大兴区等全国33个集体经营性建设用地试点地区。

依托集体经营性建设用地直接入市政策，在保持集体土地性质不变的情况下，同步推进土地开发、生态文明与城乡环境建设、城乡社保衔接，完成农村社会结构转型。

（二）大兴土地改革试点中分区域采取多元供地方式

大兴区集体经营性建设用地入市的关键点是充分考虑不同区域功能定位的差异性，分别设计集体建设用地的供地主体，采取多元化的供地方式，乡镇统筹的统筹方式、乡级主体、股权结构会有所差异。

1. 旧城镇地区：以联营公司或村为单位的城市更新

对于城市规划范围内，符合土规与城规的现状集体建设用地，应重点探索通过集体土地依法入市，旧城镇改造升级，完成城市化的历史任务。通过土地确权，对接发改、财政、税收等有关政策，做好城市更新改造单元内集体土地二次开发利用与收益分配的调节工作。如位于城市规划范围内的狼垡一村、二村、三村、四村及立垡、高家铺六个村，在规划上同属于狼垡组团，通过成立片区性的联营公司（后加入西芦城村）共同开发、“腾笼换鸟”，实现区域整体发展与集体土地异地集中入市。组团内的部分合规土地也可以村集体为供地主体，就地入市。

2. 绿隔地区：西红门的“283”模式

对于第二道绿化隔离地区，发展方向是城乡一体化，应探索与发展阶段相一致的组织体制模式。这类地区存在大量历史上形成的工业大院，多是不符合土规，也不符合城规的现状集体建设用地，应重点探索“减量升级”的实施路径。通过集体土地依法改造升级，在确保农民收益不降低、后续发展有保障的前提下，实现“规划还绿、产业升级”的发展目标。这种类型以西红门镇为典型代表，现状为集体建设用地，但镇域总体规划为绿地。为实现绿隔建设，只能集中建设、以增促减。在大兴区黄村、北臧村等镇这类情况也较为普遍。由于涉及多个利益主体，难以在一个村范围内解决，需要乡镇统筹，组建镇级联社或联营公司。

3. 新功能区：自主开发或国家征地

对于小城镇镇区规划范围内，符合土规与城规的现状集体土地，重点探索以集体经济组织为载体的土地利用开发机制。为引入新产业，塑造区域发展新机制，应完善自主开发与国家征地的差别化土地供应政策和地价标准，健全土地节约集约利用机制，推进镇区改造与产业再造。这类地区重点是拓展城镇功能，如首都二机场辐射的广大待城镇化地区，属于外延式增长，项目覆盖面广，实施单元可能跨村，甚至跨镇。在大兴区没有做过镇区土地一级开发的乡镇多属于这种类型。

4. 都市型现代农业地区：点状供地

广大农村地区，仍以传统农业生产为主，需要向都市型农业转型升级，建设以休闲、观光、科技为主要内容的现代农业园区。一般规划部门审批农民安置产业用地地块时，多是要求集中连片，不仅放大了集体产业的市场风险，而且带来土地利用的空间布局、产业结构与本地资源禀赋特征不适应的问题。需要借助点状供地政策，在都市型现代农业示范园区配建零星的设施用房。这类地区以前的用地属性可能为设施农用地，甚至为违法建设，要采取适宜方式，给这类地区配给合法审批的建设用地，颁发建设用地使用权证，解决园区建设用地需求。其实施主体主要是农业企业、村集体或农民专业合作社。

表6－1　大兴区集体土地入市试点实施主体多元化设计

区位类型	规划条件	增长方式	供地方式	供地主体	典型地区
旧城镇地区	符合城规，符合土规	内涵式	农民自主开发或就地入市	镇级联营公司或村集体	狼垡组团、旧宫镇区等城市规划范围内地区

续表

区位类型	规划条件	增长方式	供地方式	供地主体	典型地区
绿隔地区	不符合土规，或不符合城规	内涵式	集中入市或农民自主开发	镇级联社或镇级联营公司、村集体	旧宫镇、西红门镇、黄村镇、瀛海镇、北臧村镇等规划绿隔地区
新功能区	符合城规，符合土规	外延式	部分征地，部分农民自主开发	开发商、镇级联营公司、村集体	新航城核心区、小城镇镇区
都市型现代农业地区	新增配建指标	外延式	自主开发，社会资本	农业企业、村集体、专业合作社	安定镇、青云店镇等大兴区南部农业地区

四　平衡机制

二绿地区乡镇统筹利用集体建设用地改革试点，也被简称为二绿地区城乡一体化试点，实质是要通过环境整治完成一个区域的整体转型，属于典型的系统性工程，破解一系列平衡机制问题。基于旧宫镇南街片区统筹的经验，可以将乡镇统筹的平衡机制总结为“五本账”。

（一）人口账：流动人口疏解

主要是实现人口结构的动态平衡。从镇域整体情况看，要通过拆除腾退，清理整治社区群租房、治理地下空间、旧村改造回迁以及工业大院拆除腾退等，促进流动人口的快速疏解。随着集体产业升级，高端项目投入运营，引入高端业态和高端人才。

（二）土地账：总体实现“规划还绿”

用地结构平衡，即将原先的低端“瓦片经济”改造为高端化的产业园区。南街片区的“284”模式，将现状工业大院拆除后，还建20%，绿化80%，建筑容积缩减到原来的40%。

（三）规划账：规划不做大调整

在建设用地总量控制前提下，对城规空间布局进行调整。如按照北京市中心城区控制性详细规划，南街片区现有规划建设用地152公顷。依据土地利用总体规划，南街片区可改造范围内，建设用地面积约212公顷，城规尚有60公顷的调增空间。在村庄整治规划中增加了48公顷的建设用地指标，未突破土规封顶线。

（四）资金账：资金总体平衡

一般是借助一级开发或棚改实现建设资金平衡，变过去单项目平衡为区域平衡，以避免“吃肉吐骨头”现象，实现区域整体改造。大兴土地入市中通过金融创新以及银行之间的竞争，降低贷款利率，解决建设资金来源问题。后期绿化资金需要探索“以绿养绿”方式予以解决。

（五）产权账：明确乡村两级治理结构的边界

乡镇统筹的基本路径是打破过去“村自为战”的体制发展格局，通过联营联建构建新联合体，要求厘清镇村之间、村与村之间的产权关系，界定两级集体经济组织治理结构的边界。一是明确乡级主体。主要是决策主体和管理主体、产权主体和经营主体、投资主体。二是确定各村集体的股权比例，如以地入股、以人入股或人地结合等。城市化程度较高地区，农民社会保障得到较好解决的前提下，往往更倾向于以人入股。三是均衡片区之间的利益关系。

五　配套政策

城乡土地规划管理体制是一个复杂系统，关键是找到其要点和标准。二道绿隔地区“五区六镇”乡镇统筹利用集体建设用地试点，在西红门区级试点的基础上，以产业升级为逻辑起点和落脚点，试验规划调整、联营联建、确权颁证以及抵押融资四个“老”问题，同时，进一步探索指标规划标准、市场引入社会资本以及土地增值收益分配三个“新”问题，构成乡镇统筹利用集体建设用地的八个环节，提出相应的八项配套政策，探索城乡有别的集体土地资源规划管理新体制。

（一）联营联建，跨村统筹

该阶段任务是成立跨村统筹的联合体，作为产权主体。村集体持有集体建设用地所有权，并将集体建设用地使用权变更到联营公司。镇级联营公司的股权由各村持有，作为收益分配的依据，并保障各村作为镇级联营公司股东的法定决策权和监督权。联营公司与社会资本合作成立新公司，作为投资主体。要保障农民和集体的主导权，原则性控股。社会资本不得行使建设用地所有权和直接行使建设用地使用权。

（二）规划调整，优化布局

规划审批是整个改革试点工作的刚性前提。按照城规管布局，土规管总量的原则，编制村庄整治规划，优化空间布局。完善村庄规划区级审批流程，实现集体建设用地开发利用的规范化制度支撑。空间布局上，按照城乡一体化的基准形态，主要包括“两类园区 + 两类社区”：一是科技、金融或高端制造类园区，居住形态由一户一宅转变为农民集中上楼；二是现代农业产业园区，打造农业全产业链，农民居住形态在原地改造成独栋或联排别墅，实现空间集约，提升生活舒适度。

（三）产权颁证，多元入市

出台集体土地的产权确权颁证政策，确立村集体对集体土地的所有权和集体建设用地使用权。村集体通过民主程序，将使用权变更到联营公司。通过集体建设用地使用权作价入股，由联营公司与社会资本组建新公司，作为立项主体，建设用地使用权做相应变更，持有开发建设物业的房产证。也可以采取土地使用权租赁形式与社会资本合作。对城市规划建成区范围内的集体经济组织鼓励自征自用，收益除直接分配外，纳入集体资产进行统一管理。

（四）银行认可，社会引资

通过银行等金融部门的认可，集体土地上的房屋以未来预期收益进行抵押融资，让集体土地体现其完整的市场价值，解决农村集体土地上房屋建筑物的抵押权问题。引入社会资本，形成高端智力资本与集体土地资源的有机融合。建立以市场融资为主、财政支持为辅的投融资机制。

（五）指标优化，明确标准

容积率奖励政策与发展权转移的核心是确定集体建设用地规划指标的赋予标准，调动区镇村各级实施集约规范发展的积极性。规划建设用地指标可实施“区级调控，镇级统筹”，跨乡镇使用占补平衡指标。主要参照“拆五建一”标准与设定调减系数的做法，实施适度奖励。指标规划标准要坚持弹性原则，兼顾农村地区发展不确定性较大、空间开阔等现实特点。

（六）市场公开，保障权益

通过有形市场来规范合作方引入，实现公开、公正、透明，避免政府“拉郎配”。在股权比例、产业资源、注册资本金、利益分配及一、二级市场联动等方面对投资公司设定基本条件和要求。从而通过市场竞争方式引入更有效率的社会资本合作方。

（七）土地平权，均衡发展

科学合理地设计集体土地增值收益分配制度。处理好集体经济组织与国家之间的关系和集体经济组织与农民的关系。原则上政府负责完成基础设施，投资公司获取正常市场利润，其余归乡土地资源联合社或联营公司，并按照内部各层级股权结构进行收益分配。

（八）产业升级，人地减量

要把产业定位作为整个试点工作的逻辑原点与落脚点，避免出现“有园区，无产业”的问题。围绕特色小镇、美丽乡村建设，出台专项政策，鼓励拆除腾退、功能疏解、规划还绿等。如市区两级设立减量发展奖励基金，实施财政奖补。未完成规划还绿任务的，制定相应的惩戒措施。落实企业淘汰落后工业产能补贴政策。鼓励集租房建设。

六　前置条件

乡镇统筹的关键，是要通过村集体经济组织的联营联建，整合政府、社区与市场三种资源配置机制，促进生产要素的集中优化配置。需要在一个镇域内找到先行起步的增长点，能有一个发挥龙头带动作用的乡村集体经济，通过联营联建，抱团取暖，形成“一龙带多虎”的镇域经济发展新局面。因而，乡镇统筹的前置条件是要找到集体经济发展的带头人，并构建有利于集体经济发展的配套政策体系。

（一）加快培训农村集体经济带头人

任何大的社会变革，都会在社会实践中培养产生出一大批群众领袖。这一点，只要重温一下新中国成立初期毛泽东同志领导农业合作化的那段历史就很清楚了。当时广大农村并不存在一支现成的农业合作化带头人队伍。以河北省遵化县第十区为例，当时试办农业生产合作社时，不仅村级干部不懂，就连区委的委员也不懂。遵化县通过采取不断发现典型，由个别到一般，总结实践经验，并在此基础上大规模培训基层干部，实现了从不懂到懂、从少数人会到多数人会的转变，形成了大批的办社骨干，成为推进农业合作化的主力。毛泽东同志亲自主持编辑的《中国农村的社会主义高潮》一书，特别是亲笔写下的按语，成了最经典的合作化培训教材。

当前培训集体经济带头人，重点可以采取以下措施：

1. 统一组织授课

由各级地方党委及组织部门与地方党校共同负责，对农村党支部书记、村委会主任、村合作社社长（乡联社社长）等基层干部举办各类讲习班。要遵循习近平同志提出的“党校姓党”的方针，把培训基层干部走社会主义道路作为党校义不容辞的职责。根据集体经济发展的实际需要，举办以理论、政策、法规、经营管理、现代信息技术等为主要教学内容的定期或不定期培训。要增加互动环节的时间安排。

2. 实地参观考察

由区县和乡镇组织部门牵头，带领培训对象学习集体经济的先进典型。既包括华西、刘庄、南街这样的老典型，也包括像塘约村这样的新典型；既要学习本地的，也要学习外地的。通过参观学习，增强基层干部发展集体经济的信心和自觉性，掌握有关政策和原则。

3. 专题解剖研讨

针对大家普遍关注的重点、难点问题，组织专题讨论交流，结合典型事迹进行实地教学。解剖典型经验，交流工作方法，分析差距，找到发展集体经济的突破口和现实可行的“高招”。

4. 选好培训对象

在培训对象的选择中，要注意从外出农民工和从事过个体私营活动的中青年党员或入党积极分子中筛选。这一群体经历了改革开放和市场经济大潮的洗礼，见过世面，有了一定的经营管理经验，思想解放，眼界开阔，善于接受新鲜事物。只要选好对农村集体经济发展有信念和对公共事业有责任感的好苗子，通过组织的培训，很快便能成为集体经济发展的带头人。

5. 鼓励老典型传帮带

充分发挥集体经济老典型的引路作用，以传帮带的形式培养一批带头人。各级党和政府要积极组织、推动先进村带动后进村，传授集体经济的发展经验，通过先进带后进，大手拉小手，实现共同富裕。

6. 从机关选派“第一书记”

从区县或乡镇干部中选择熟悉农村工作的党员到基层任党支部书记，或者采用机关干部定点包村的办法，在实际工作中发现和培养发展集体经济的本土人才，这一做法也是我们党的优良传统。特别是一些条件较差的后进村，更需要一些外力的引导和帮助。

7. 利用现代信息手段，及时交流全国集体经济发展新鲜经验

除主流媒体要加大对农村集体经济的宣传力度外，还可以采用微信、微博、公众号等现代信息手段，提高农村集体经济典型经验复制推广的效果。

（二）完善农村集体经济配套体系建设

集体经济对于若干村庄个体，是容易成功的。但是，这种典型的普遍复制推广，特别是要在每一个乡镇都能培育起来这样的典型，却是一个复杂的系统工程，需要各级党委和政府在组织路线、政策法规、财政金融、专业队伍、文化宣传等方面，为农村集体经济的发展建设完整的配套体系。

1. 要明确农村经管部门的职能，提高履职能力

针对农村经管队伍已经被严重弱化，人员缺编制，职能不明确的诸多问题，急需充实队伍，明确职责，纳入公务员管理，使之能够发挥对集体经济履行行政管理和指导服务的职能。经管部门应积极支持农村集体经济的发展，认真研究集体经济发展中的各类问题，从政策、法规、财务、管理、金融、信息等方面为集体经济提供服务。在一定条件下，成立区县级农资委或经管局，加强镇村集体资产的监督管理。

2. 研究探索成立专门为集体经济服务的社团组织

中央和各级党委应该鼓励各地探索建立集体土地联合会、集体经济联合会（类似工商联）或集体经济促进会之类的社团组织，为农村集体经济提供各种服务。可考虑将此类社团组织列入

国家的事业编制。

3. 加快农村集体经济组织的立法和司法保护工作

农村集体经济组织不同于专业合作社，也不同于一般的公司，是依托土地集体所有制而存在的社区型公有制经济组织，《民法总则》已将集体经济组织明确为特别法人。但是，国家和地方关于集体经济组织的专门立法仍然缺位，需要国家尽快对其进行专门立法。在全国立法缺乏成熟条件的情况下，应鼓励由地方人大先行颁布地方性法规条例，对农村集体经济的性质、组织原则、经营体制、产权制度、管理结构、利益分配等重大原则问题进行法律规范，为农村集体经济正名，维护集体经济合法权益。

4. 加强有利于集体经济发展的财政金融服务体系建设

重点解决集体经济发展的资金不足和财政、金融支持缺位问题，为集体经济发展保驾护航。发达国家农业同样需要补贴，是由公共财政提供的。这些资金不能只盯住专业大户、龙头企业，应该更多地支持集体经济的农业产业。由于农村缺乏集体经济的专门金融机构，政府提供的政策性金融服务，也往往落入大户和社会资本手中。信用合作社多数已经改制为商业银行，要么使之回归本位，要么在集体经济组织基础上，建立合作金融以及相应的农业保险制度。

5. 各级地方政府要做好对集体经济产业升级的指导服务

要从宏观产业布局和不同区位功能的高度指导集体经济做好产业发展规划，加快产业结构调整升级，避免低水平重复建设。要引导集体经济加快与国有经济的合作与融合，在镇与村之间进行产业分工协作，推进城乡一体化进程，在新的基础上巩固工农联盟。

6. 培养社会主义核心价值观

贯彻落实习近平新时代中国特色社会主义思想，发挥中华民族优秀传统文化的影响力，弘扬集体经济互助合作的文化精神，在集体经济组织内部形成大公无私的文化氛围，并通过村规民约的形式，让以集体主义为特征的优秀思想文化占领农村阵地。夯实乡镇统筹、抱团发展的文化基础。

7. 最后的关键，是要配好“三个书记”

党的区县委书记、乡镇党委书记和农村党支部书记是发展农村集体经济，实现农村现代化的三个缺一不可的关键岗位，也是党的领导和党的方针政策能否在农村贯彻的核心人物。要在干部的培养和使用中重点解决好“三个书记”的问题，使农村集体经济的联合发展得到组织上的保证，压茬推进。

第七章　乡镇统筹的历史定位

自党的十六大提出城乡统筹方略以来，城乡与区域均衡发展成为主题，实质是可持续发展，关键靠改革。特别是党的十八大以来，以改革试点为引领，凝聚改革共识，遍及规划、土地、户籍、扶贫、医药、审批、投融资等几乎所有重大经济社会领域，可谓风生水起。北京郊区在创新实践中形成的乡镇统筹，作为深层次、宽领域、广覆盖的农村综合性改革，探索了集体经济的新的更高级的有效实现形式，意义深远。

早在1990年，时任福建省宁德地委书记的习近平同志在《扶贫要注意增强乡村两级集体经济实力》一文中就提出“加强领导，改善和强化农村经济组织，增强乡村集体经济发展的机能”，并指出可以实行股份、联营、合作等经济形式，吸引投资。乡镇统筹，对于全国不同类型地区促进农民共同富裕，臻于均衡发展之至善，具有重大的理论先导与借鉴价值。

一　乡镇统筹是农村经济体制演变的新阶段

新中国成立60多年来，先后经历了“三级所有，队为基础”的人民公社体制、“统分结合，双层经营”的家庭承包经营体制。随着城乡统筹方略的深入实施与工业化、城镇化、信息化、农业现代化的深入推进，社会化大生产与村级核算体制之间的矛盾日益凸显，农村经济体制势必会沿着既定规律进一步演变。

（一）如何理解“经济体制”概念

对于“经济体制”概念，认识上不尽相同，突出表现在缺乏系统性的理解。一些地方在推进改革实践中“头痛医头，脚痛医脚”，存在着严重的盲目性，与此不无联系。

1. 关于“经济体制”内涵的不同表述

通过分析对比政界与学界对“经济体制”概念的不同认识和表述，可以从不同点中找出共同点，抽象出概念的基本内核。

于光远在《关于在我国实行经济体制改革的若干建议》中提出：经济体制这个概念，有时人们只指国有制经济中国家、企业和个人之间，国家管理机构中中央和地方、职能管理机关（如计划管理机关、劳动、财政金融、物价管理机关等）与部门管理机关（各工业、农业、交通运输等管理机关等），企业与企业之间的经济关系，有时还包括所有制之间的关系和内部的关系。吴敬琏在《经济体制改革与经济结构调整》中提出，经济管理的体制问题也是一种结构问题，即生产的社会关系的构成或组合问题。认为过于集中的国家管理体制，一是限制、排斥市场在反映需求方面的作用，造成总量上的供需脱节；二是排斥了市场调节作用，导致国民经济部门之间结构上的比例失调；三是限制企业和劳动群众积极性、主动性的发挥，形成微观层面的企业吃“大锅饭”，职工捧“铁饭碗”；四是政府过度干预企业经营，出现违背经济规律的官僚主义、瞎指挥，造成政府的职能错位与资源错配。时任国务院副总理李先念早在1978年夏天召开的国务院务虚会议上所做的总结中指出：“要多方面地改变生产关系，改变上层建筑，改变工农业企业的管理方式和国家对工农业企业的管理方式，改变人们的活动方式和思想方式。”林毅夫等在《中国的奇迹：发展战略与经济改革》（增订版）中把经济体制模式描述为四个在逻辑上紧密相扣的环节。一是一国选择的经济发展战略；二是执行特定发展战略而形成的宏观政策环境；三是相应选择的资源配置机制；四是与前面政策选择和制度形成相关的微观经营机制。

2. “经济体制”概念的基本构成要素

基于以上对经济体制概念不同理解和表述，可以提炼出若干共同点，作为经济体制概念的四个基本要素：

第一，作为战略思想的正式化了的意识形态和价值观，有时被称为“思潮”，也可以理解为发展的总目标，是经济体制的灵魂。思潮或目标，决定于对社会主要矛盾与发展阶段的判断。如什么是社会主义，如何建设社会主义？对集体经济是支持还是忽视，让其自生自灭？不同革命历史时期，如何对待富农？

第二，政府定位与政策机制。主要涉及上层建筑领域，如政府“主导”还是“引导”经济发展，如何制定路线、方针和政策，直接取决于上述发展理念。

第三，资源配置的方式。市场、政府还是社区掌握资源配置的基础性权利，集中体现在土地、资本等资源要素市场、产权交易市场的发育程度。

第四，经济主体内部运行的微观机制。主要涉及所有制、决策机制、组织形式等法人治理结构问题。

3. 集体经济体制改革的基本内容

正如国有经济属于一种独立的经济形态，集体经济亦然。乡镇统筹的产权主体，土地资源联合社或联营公司是集体经济新的有效实现形式。集体经济的体制改革，主要涉及四个方面：

第一，制定集体经济改革战略规划，纳入地区发展规划体系。这是解决战略目标问题，是集体经济体制改革与发展转型的出发点。

第二，建立健全集体经济配套政策体系，启动新一轮农村综合性改革。这主要是解决政府定位问题。加快立法工作，明确集体经济组织法人地位及其实现路径，是集体经济体制深化改革的总前提。

第三，发育农村集体产权交易市场。这是解决市场发育与资源配置机制问题。土地资源是集体经济的优势和根本，是集体经济体制改革的抓手。

第四，规范集体经济组织的法人治理结构。这是解决微观组织架构与运行机制问题。实施农村股权管理，优化股权结构，吸引高端人才，壮大集体经济实力。

（二）经济体制的演变规律

读马列经典著作，我们总会有很多启发与收获，但对实际工作最有价值的是老一辈革命家面对实际问题时所采用的分析方法。回顾漫长的革命和建设年代，这些方法往往是一以贯之的，是最不能背离的，这也是邓小平同志经常讲的“马克思主义的活的灵魂”。如马克思的历史唯物主义，斯大林对中国革命的分析，毛泽东的《矛盾论》，直到中国共产党的十九大提出社会主要矛盾的转化，都是首先着眼于矛盾分析而一脉相承的。

在革命年代，经常是通过调查研究，先搞清楚面临的主要矛盾是什么，有哪些有利条件，有哪些不利条件，然后制定革命策略与对策。在社会主义建设年代，也要做矛盾分析，只有真正把主要矛盾搞清楚了，我们在制定路线、方针和政策的时候，才能有的放矢，才能有正确的优先序。因而我们的政策才有生命力，才能得到群众的拥护。

在毛泽东同志的光辉著作《中国革命和中国共产党》一文中，可以更清晰地看到这种分析方法的基本脉络：社会矛盾决定社会性质，社会性质决定革命对象，革命对象决定革命任务，革命任务决定革命动力和革命同盟军，进而决定革命性质，并具体化为革命的路线、方针和政策，比如武装斗争，党的建设和统一战线。这种分析方法使我们的革命事业取得一个又一个胜利，可以称之为“黄金法则”。不同历史阶段，社会矛盾会首先发生变化，会导致后面几个因素相应地发生一系列变化，因此，政策应该是一个因地制宜、因时制宜的动态连续调整的时空转换过程。

2005 年，中央提出，建设社会主义新农村是我国现代化进程中的一项重要历史任务。然而，认识世界从来不是一件容易的事。关于新农村建设的各式各样的评论不绝如缕，其中不乏真知灼见，也有相当部分流于就事论事的空泛和飘浮，颇有黄钟毁弃、瓦釜雷鸣之感。一些地方出现“拆了建、建了拆”的现象。实际上，这里面首先是一个有无正确方法论的问题。

运用“黄金法则”分析北京郊区社会主义新农村建设就颇有实际意义。北京市城乡居民收入水平的差距在不断拉大，已由2002年的2.12∶1扩大到2005年的2.25∶1，农村地区内部村庄发展差距也在日趋固化，对和谐社会建设构成严峻挑战，非均衡发展成为郊区农村面临的社会主要矛盾。这就需要树立城乡与区域均衡协调发展的指导思想，把社会主义新农村建设和城市化、城镇化有机地统一起来。在这一过程中解决诸如人才、资金、技术等高端生产要素引入，产业发展合理布局，村庄改造及基础设施短板补齐等诸多问题。

（三）北京市农村经济体制演变的基本阶段与规律性特征

1. 北京市农村经济体制变迁的历史回顾

对于一个健康的人，循环、呼吸、神经各个组织系统及其运行机制保证正常运转是最重要的，建立科学合理的经济体制对于经济发展而言也是第一要务，即破解“三农”问题的核心在于经济体制改革。“如何选择经济体制”“选择什么样的农村经济体制”“农村经济体制的中心环节是什么”，对于这些问题，仍然存在不同的认识，需要对“农村改革史”进行理论上的总结与提升，从历史中寻找解答问题的钥匙。

自20世纪50年代农业合作化运动以来，北京郊区农村改革经历了光辉岁月，取得了伟大成绩，积累了丰富经验，为破解当前首都农村经济体制改革面临的问题，明确未来中长期改革思路奠定了重要的实践基础。北京市农村经济体制演变大致经历了四个阶段。

人民公社阶段（1958—1977年）。在高级社基础上，进一步确立“三级所有，队为基础”的人民公社体制。一是建立集体所有制。自20世纪50年代以来，北京郊区逐步完成了合作化进程，建立起土地、农具不参与分红的高级社。二是形成人民公社的基本组织架构。1962年，中央颁布《人民公社六十条》。北京市根据中央部署，缩小了人民公社的规模，下放基本核算单位，正式形成了“三级所有，队为基础”的稳定型的人民公社组织体制。这一时期，农村经济体制变革的主要任务是支持国家工业化建设。但由于统得过死，管得过严，集体经济在曲折中缓慢发展。

农村基本经营制度确立阶段（1978—1991年）。十一届三中全会揭开了农村改革的序幕，大致经历了包产到组和包干到户两个阶段，确立了“统分结合，双层经营”的农村基本经营制度，农民有了自主经营权，迅速解决了温饱问题，农业产业化和农村工业化起步。

第一步，实行家庭联产承包责任制。从人民公社时期的工分分配改为联产计酬，再进一步改为“大包干”，随后逐步完善双层经营，加强村级合作经济组织建设。

第二步，改革人民公社“政社合一”体制。先后建立了乡（镇）人民政府以及村民委员会，普遍将公社改为乡经济联合社，大队改为村经济合作社，逐步理顺了乡（镇）政府与合作经济组织的关系。

第三步，农民获得生产自主权。逐步从“以粮为纲”的单一经营的思想束缚中解放出来，农业多种经营蓬勃发展，积极探索土地适度规模经营。

第四步，乡镇企业异军突起。农村劳动力“进厂不进城”，提高了农村劳动力资源配置效率。加强城乡产业协作，走出了一条城乡协同发展的“白兰道路”。北京郊区农村经济是“城郊型”经济，城乡之间经济联系密切，乡镇企业实力相对雄厚，农民解决温饱后有进一步增收的愿望。但是，由于要素市场发育缓慢、政企不分等原因导致大批乡镇企业的破产、倒闭、转制，农村就业岗位大量减少，出现第二次民工潮，农民收入增长低迷，形成了世纪之交的“三农”问题。这一过程突出体现在第三阶段，并延续到21世纪初。

市场化进程加快阶段（1992—2001年）。党的十四大提出建立社会主义市场经济体制，确立了以公有制为主体、多种所有制经济共同发展的基本经济制度。北京郊区继续深化改革，探索集体经济新的有效实现形式。

第一，推进乡村两级集体产权制度改革。随着城镇化进程的加快，集体资产规模不断增加，从1993年开始，推进了以“共同共有”向“按份共有”转变的集体产权制度改革。

第二，发展混合经济。以发展私营经济和外向型经济为契机，促进集体资本的外向联合。通过建立工业园区、私营经济小区，大力招商引资，发展各类混合经济，促进多种所有制经济共同发展。

第三，改革农产品流通体制。建立了一批农副产品生产基地，完善农产品交易批发、集市贸易等市场，促进农产品市场体系的发育。新型农民专业合作经济组织发育不断加快。

第四，推进乡镇级行政区划调整与乡镇机构改革。通过扩乡并镇，推进乡镇机构减除冗员。2001年，进一步实施“三改二”后，郊区大部分地区乡级集体经济组织被取消，只剩下了乡镇党委、政府的“两驾马车”，乡镇统筹的功能和作用趋于弱化。

城乡均衡发展阶段（2002年至今）。城乡与区域发展不均衡的问题逐渐上升为主要矛盾。重点是改革“城镇市场经济、农村计划经济”的土地、金融、户籍等领域的二元结构体制，解决城镇化发展与农村市场发育滞后的问题。十六大之后，中央进一步提出了“重中之重”“多予、少取、放活”“以城带乡，以工促农”“两个趋向”“双轮驱动”“四化同步”等“三农”工作的重要思想。2004年以来，连年出台“中央一号文件”聚焦“三农”问题。2008 年，北京市委通过了《关于率先形成城乡经济社会发展一体化新格局的意见》。新时期农村改革以产权领域为重点深入推进。一是加快农村集体产权制度改革步伐。村级基本完成，乡级由近郊向远郊推开。二是深入推进微观组织制度创新。以确权、股权合作、增资扩股、产权置换等多种形式深化农村集体产权制度改革。三是强化市场配置资源的基础性地位。推进农村产权交易市场建设，加快农村项目建设的公开市场运作。四是探索乡镇统筹均衡发展新路径，形成了东升镇、西红门镇、崔各庄乡、卢沟桥乡等一系列改革创新的新鲜经验，乡镇统筹的复合型新体制呼之欲出。

1958 年以来，北京市农村经济体制变迁路线大致如表 7－1 所示。

表 7－1　　北京市农村经济体制变迁的路线

	人民公社阶段（1958—1977 年）	农村基本经营制度确立阶段（1978—1991 年）	市场化进程加快阶段（1992—2001 年）	城乡均衡发展阶段（2002 年至今）
发展战略目标	支援国家工业化	解决温饱	提高效率	均衡发展
政策导向	财政对人民公社各类生产资料的扶持	“中央一号文件”的认可与支持；提高农产品收购价格；发展城郊型农业；农业适度规模经营。出台《加强乡村合作社建设，巩固发展集体经济的决定》	支持农业产业化；社会化服务体系；放开流通；六种农业；探索乡镇企业二次创业；发展工业大院	都市型现代农业发展；建立农村现代产权制度；新农村建设；基本公共服务均等化；实施乡村振兴战略
资源配置方式	计划配置	计划向市场转轨	计划向市场转轨；产品市场的成熟；要素市场、产权市场的发育	计划向市场转轨；农村产权交易市场的广泛建立

续表

	人民公社阶段（1958—1977 年）	农村基本经营制度确立阶段（1978—1991 年）	市场化进程加快阶段（1992—2001 年）	城乡均衡发展阶段（2002 年至今）
微观体制机制	“一大二公”；“三级所有，队为基础”	定额计酬（小段包工、定额包工）；联产计酬（到组或到劳）；大包干；完善乡村两级合作经济组织	以公有制为主体、多种所有制经济共同发展；乡镇企业转制、乡村集体产权制度改革起步	集体经济组织、专业合作社、家庭农场、龙头企业等新型农业经营主体；农村集体法人治理结构改革；乡镇统筹利用集体建设用地

2. 农村经济体制变革的规律性特征

经济体制模式选择取决于社会面临的主要矛盾。农村经济体制改革历史进程的主线是根据不同时期经济社会面临的主要矛盾和问题，创新农业农村的经营体制机制。随着改革进程的不断推进，农村工作的内容、形式也在不断变化。只有把主要矛盾搞清楚了，才能有正确的优先序，在制定路线、方针和政策时，有的放矢。回顾北京郊区近 40 年来的农村改革与发展，从微观组织建设到市场发育，再到宏观分配体制改革；从乡镇企业重组转制到社区集体股份合作社改革试点，再到全面推进乡村集体产权制度改革；从联产承包责任制，到农业产业化，再到农民专业合作社或联合社，都反映了社会主要矛盾在不同阶段、不同领域的发展和变化，印证了历史唯物主义关于经济社会发展的基本原理。

农村改革需要顶层设计。农村经济体制不是一个孤立的组织个体或个体之间的关系，一般包括农村内部的微观组织机制、资源配置方式、宏观政府监督管理及发展战略目标等多个层面，不同层面之间相互关联、相互影响。单兵突进式的改革，只能获得局部性的改革进展，不可能从根本上满足体制改革的需要。例如，土地要素市场只能在各类要素市场之间互补和协同中发育起来，需要不同部门之间协调一致，推进整体性改革。自20世纪90年代初，北京郊区推进乡村集体产权制度改革以来，由于土地制度改革滞后，集体土地无法准确估价，往往被排除在改革之外。随着地价的上涨，集体收益快速增加，原先离开集体经济组织的人员重新主张权益，引发了大量的社会矛盾。农村经济体制改革实际上已经由市场体系和市场主体领域改革进入上层建筑领域，每前进一步，都面临着多层次的利益格局调整。只有在规划、国土、发改、财税、经管等多个领域统筹推进，城乡二元经济才能真正走到市场经济的轨道上来。

土地制度改革是农村经济体制改革的首要任务。城乡二元结构体制与传统农村集体所有制是当前造成市场分割，影响要素资源集中优化配置的根本性制度制约，土地制度是这两项基本制度的交叉点，成为深化农村改革的焦点。在城乡二元的土地规划管理体制和传统集体所有制条件下，催生了一系列社会矛盾：一是农村土地征收制度与社会主义市场经济体制日益不相适应，因征地引发的社会问题凸显；二是农村集体土地权益保障不充分，农村集体经营性建设用地与国有建设用地不能同等入市、同权同价；三是宅基地取得、使用和退出制度不完整，用益物权难落实；四是土地收益分配机制不健全，兼顾国家、集体、个人之间利益不够。深化土地制度改革，让这一农村最宝贵的资源平等地进入市场，有效释放集体经济发展潜能，应成为农村经济体制改革的第一步。

重塑产业价值链分配结构的金融工具是农村经济体制改革的重要出口。现代金融，不单单是资金融通融资，更为重要的功能是资源的配置，风险的管理，资源与资产的转换。按现行法律，集体土地无法抵押，在金融机构看来就是没有合法抵押物。集体土地开发需要大量资金的支撑，在没有金融政策支撑的情况下，土地改革自然无法顺利进行。集体土地上发展的现代产业，其物业与国有土地上的物业可同样使用，具有相同的市场价值，可以产生相同的收益与现金流。在法律未做修改的情况下，应出台相应政策鼓励与支持产业金融进入集体土地开发行业，如通过融资租赁、ABS、房地产信托投资基金（REITs）等现代金融手段，开展集体租赁住房建设。要在现有的政策框架下，创新适应集体土地开发利用特点的金融工具，直接跨越城乡二元体制的鸿沟，为农村经济体制改革开辟新路径。

（四）乡镇统筹是农村经济体制进一步演变的必然趋势

“乡镇统筹”容易让人联想起人民公社时期的“一大二公”而生出种种疑虑，把乡镇统筹与过去搞“归大堆”“平调集体资产”相类比。需要从规律层面上来把握农村经济体制演变的规律性，认识、理解和把握乡镇统筹的必然性与重大意义。总体上看，乡镇统筹就是：（1）联社统筹。采取经济手段，通过产权制度改革实现乡镇范围内集中优化配置资源。（2）政府统筹。采取政府行政手段，落实政策法规、发挥规划引领作用。乡镇统筹成为农村经济体制变革的基本趋向和新阶段，主要有以下原因：

1. 乡镇统筹是应对城乡与区域发展失衡的客观要求

乡镇是人口和产业的聚集地、是解决经济社会非均衡发展问题的基点。首先是促进镇域经济发展的均衡。受到“村自为政”、大城市整体规划、村干部能力差异等因素影响，村庄分化趋势明显。2015 年，北京市资不抵债村集体有 311 个，占村集体总数的 7.8%；收不抵支村达到 1717 个，占村集体总数的 43.3%。根据 1978—2014 年北京郊区 40 个村庄总收入变化分析，总体上呈现“好—中—差”等级固化格局。2014 年，石景山区共 12 个村级集体经济组织，其中，盈余的 5 个、收支平衡的 4 个、收不抵支的 3 个，表明在完全城市化地区也存在着明显的分化。同时，促进镇域社会发展的均衡。通过乡镇统筹破解空间功能布局、基础设施与公共设施配套建设、棚户区改造、公共服务、乡村社会治理等社会领域的非均衡发展问题。

2. 乡镇统筹的核心是要优化资源配置效率

突破村庄配置资源的产权边界。1980 年，邓小平同志在《关于农村政策问题》中指出："只要生产发展了，农村的社会分工和商品经济发展了，低水平的集体化就会发展到高水平的集体化。""统"的职能集中在村一级，容易出现社会投资的边际效益递减，如高端产业园区主干道、污水处理厂建设等，需要寻找集体经济更高级的实现形式。以卢沟桥乡为例，20 个村平均化配置各类集体规划建设用地，最小地块仅 1.2 亩，最大地块也才 184 亩，集体产业的"小、散、低"特征突出。

土地发展权证券化。依据人口、土地面积等因素界定不同村集体之间的股份比例，通过股份形式理顺村与村之间的产权关系，实现联营联建。

搭建乡级产权主体。在镇域土地产权社会化条件下，依托乡联社或联营公司等乡级产权主体，将零散的土地资源集中配置到区位、交通、环境条件较好的地区，可以有效地促进级差地租的提升，是实施乡镇统筹的原动力。

3. 乡镇统筹根源在于中国特殊的人地关系

制度结构往往内生于资源结构，乡镇统筹经济体制源于中国人多地少的资源禀赋结构特征及由此发育形成的社区聚居的文化与制度。

中国城镇化道路的特殊性。人多地少的情况下，农村人口基数大，社会转型不能主要依靠农民外出打工进入几个大城市来解决，而应向内看，促进本土型城镇化。乡镇统筹提供了相应的体制机制支撑。

社区机制提供了乡镇统筹的内在动能。社区聚居条件下的熟人社会历史悠久，孕育出不同于市场与政府之外的第三类资源配置方式，“社区机制”，如通过有威望的老书记出面就可以较低的成本推进拆除腾退，把“钉子户”减少到最低限度。而社区边界是村庄范围之上的更高层级的集镇。20 世纪 60 年代，美国学者施坚雅提出包括一组村庄的基层市场共同体是中国社会的最基本单位。日本富士见町开发公社，将经营收益按照入股的比例分配给统筹区拥有所有权的各个村落。我国台湾地区的农会有省、县和镇三个层级，核心主要在镇一级。

集体所有制为乡镇统筹提供了制度保障。公有制可以大幅度降低交易成本。丰台区长辛店镇有 9 个村集体和 1.64 万农民，通过村集体把农民组织起来与让“原子化”的农民直接组织起来，两种方式面临着迥乎不同的交易成本。

二　乡镇统筹是一种新的土地制度

井田制、均田制都是农业社会的土地制度形态，进入工业社会后，孙中山提出的平均地权主要是解决地利共享问题，乔治·亨利提出的单一税也主要集中在分配领域，以上这些土地制度重点在向地利共享方面努力，一定程度上忽视了地尽其利。乡镇统筹的实质是在工业化、城镇化进程中，在农村集体土地所有制基础上，设计一种新的土地制度，使碎片化的土地产权关系重新联结与优化整合，既要解决地利共享，又要实现地尽其利，可以称之为“联地制”。无论是在历史使命，还是具体操作等层面，联地制均有其独特性与原创性。在地利共享方面，平均地权等理论政策工具主要是税收，而联地制除了税收，更多采取的是产权工具。再如，全国 33 个土地改革试点，主要是研究集体土地入市的制度设计，而没有足够关注土地入市背后的经济社会发展规律。联地制是要让农民带资进城，依托集体经济实现社会转型。其主要内涵有以下四个方面：

（一）改革的“灵魂”：“均衡发展”还是“非均衡发展”

一般来说，改革理念或战略目标的分歧核心是对当前主要矛盾的认识，是维持非均衡的经济增长还是推进均衡发展？党的十六大报告提出城乡统筹方略以来，改革理念贯穿着一条红线，就是均衡发展。十多年来的经济持续高速增长，出现了严重的产能过剩、地方债问题，特别是城乡与区城之间发展的非均衡已成为破解“三农”问题面临的主要结构性矛盾。实际上，上海市在2015年政府工作报告中已经取消了经济增长的考核目标。北京市生态涵养地区乡镇也已经陆续取消了经济考核指标。

在传统城镇化条件下，为了加快发展，形成了“政府主导、市场分割”的发展方式，倾向于人为压低社会转型成本，空间与产业之间难以统筹兼顾，城乡与地区之间非均衡发展特征凸显，这种发展方式已然难以持续。

随着北京郊区乡域规划的加快实施，村与村之间发展机会出现明显分化，非均衡发展在一些地区有进一步深化趋势。加快社会结构转型，推进“均衡发展”应成为当前首都转变经济发展方式，深化农村经济体制改革的核心思想和基本方向。不同于过去项目平衡的土地开发模式，西红门等典型案例表明，乡镇统筹推进均衡发展具有广泛的适应性。

实际推广过程中，乡镇统筹仍然面临着诸多体制机制上的障碍，“村自为战、户自为战”的发展格局没有发生根本性转变。城乡与地区之间发展的非均衡性依然突出。推进社会结构转型，实现均衡发展，应成为实施联地制的战略目标。

（二）资源配置方式：“政府决定资源配置”还是“市场决定资源配置”

党的十八届三中全会提出：“经济体制改革是全面深化改革的重点，核心问题是处理好政府和市场的关系，使市场在资源配置中起决定性作用和更好发挥政府的作用。”计划经济体制条件下，市场几乎被完全排除在资源配置领域之外，即使存在货币形态，也只是一种记账工具。改革开放以来，尽管市场配置资源的领域得到扩大，政府配置资源的体制机制仍没有发生根本性转变，农村市场发育不足。

改革模式主要有两种：一种模式是建设规则基础上的完整的市场经济；另一种模式是以政府主导、垄断经营为主要特征的市场经济。依靠土地金融实现运转的“政府融资平台”，通过大量举债来“经营城市”，加快增长的同时，造成经济结构畸形、效率低下，最终这种发展模式也难以持续。只要这种发展模式不转变，土地要素市场发育就难以实质性推进，因为这种发展模式需要以要素市场的分割为内在前提。前一种发展模式面临的约束主要是预算约束和需求约束，经济主体可以根据价格变化自动做出调整。而后一种发展模式面临的主要是资源约束，政府可以通过土地财政和土地金融杠杆突破预算约束，再通过垄断经营，造成供给紧张与卖方市场，规避需求约束。而为了突破资源的约束，主要采用行政手段，如强制性拆迁、规划用地指标由乡到城转移等，难以避免一些地方侵犯农民利益及农民上访的现象发生。这种发展模式，形成了可以脱离产业和人口聚集的城镇化而自我循环的经济体系，透支了经济发展后劲与政府信用，潜在社会成本难以估量。深化农村土地改革，就是要由第二种发展模式转变为第一种发展模式，改革上层建筑。建立在乡镇统筹基础上的联地制形成了政府、市场与社区三种资源配置机制的耦合作用，有利于提高资源配置的长期效率。

（三）“半市场体系”问题：农村是“计划经济”还是“市场经济”

土地具有经济与空间的双重属性。推进城乡一体化，土地要素市场一体化是必要条件。否则，农村各类要素无法有机地融入统一的大市场，实现应有价值。发育城乡一体化的土地要素市场体系面临的主要障碍，一个来自农村内部。如“户自为战”“村自为战”，彼此缺乏横向联合与协作。需要克服市场分割，通过联地制，发展各类联合社、联合体，解决土地产权碎片化问题。另一个障碍来自国有土地与集体土地市场地位的歧视性差别。农村集体建设用地不能直接入市，参与城市建设不能直接办理土地使用证，不能获得房产证，唯一的途径是征地。第二个问题不是联地制所能直接解决的，需要国家层面在供地制度上的改革。

（四）集体经济的市场地位："市场主体"还是"社会团体"

市场微观主体培育是经济体制改革的中心环节。集体经济组织是集体土地的所有者，是天然的供地主体。但是，在一些地方，"统"被忽视了，出现集体积累薄弱，基层党组织涣散的现象。联地制，就是要立足集体经济组织作为集体土地资源的所有者，通过土地资源的联合，建立联社或联营公司，确立集体经济组织的市场主体地位，破解集体经济组织实力薄弱、实存名亡、内部法人治理结构不完善、农民财产分配权不落实等诸多问题。在非集中城镇化地区，通过联地制，组建土地股份合作社，解决一家一户经营面临的大市场风险、农业社会化服务体系弱化、传统农业生产模式难以为继等问题。但是，联地制的实施主体，土地资源联合社或联营公司作为集体土地使用权的持有者或产业统筹的主导者，尚没有足够的法理依据，存在着外部监管和内部治理的诸多漏洞，需要及时将风险管理提到日程上来。

三　乡镇统筹是实施本土型城镇化的新路径

"三农"问题是城乡二元结构体制下的产物，已经成为固化认识。然而，同样是在二元条件下，仍有一些村庄生活条件赶上甚至超过了城市，如江苏的长江村、黑龙江的兴十四村、北京的狼垡二村，等等。相反，如北京市门头沟区王平镇的农民，虽然完成了整建制转居，形式上消除了二元结构体制，但实际上并未享受到相应的市民待遇。传统的城镇化道路才是造成"三农"

问题的根本原因。破解“三农”问题，探索本土型城镇化道路，实施乡村振兴战略，是实施乡镇统筹的题中应有之义。

（一）传统城镇化与新型城镇化

城镇化是土地、劳动、资本等生产要素从传统农业向制造业和服务业转移，以提高资源要素配置效率的过程，但土地要素与其他两个要素不同，具有不可移动性特征，城镇化也可以看成是人地关系的优化调整过程，土地开发利用成为新型城镇化的重点。党的十八届三中全会提出，“完善城镇化健康发展体制机制。坚持走中国特色新型城镇化道路”，“建立城乡统一的建设用地市场”。2014 年 2 月，习近平总书记在北京考察时提出了“资源约束天花板”问题，点明了新时期推进首都新型城镇化建设工作的要害。理解新型城镇化，首先要对传统城镇化的旧机制进行较全面、深入的剖析，特别是认识土地要素在其深层次链条传导机制中的核心作用。通过对传统城镇化的反思和总结，提出新型城镇化的三个核心理念。

首先，从战略目标层面看，传统城镇化的基本逻辑是尽量降低城镇化成本，加快发展速度；新型城镇化则是要统筹城乡，均衡发展。传统城镇化条件下，通过“甩包袱”的方式，降低城镇化的经济成本，遗留了大量社会成本，积累了越来越严重的结构性问题。在土地开发环节，低成本的传统城镇化集中体现在：一是土地开发挑肥拣瘦。开发商首先选择容易开发、区位条件好的地块，尽量缩小代拆代建范围，甩下一些边角地，即“吃肉吐骨头”。二是补偿水平低。为加快项目建设的进度，尽量降低安置成本、土地补偿、拆迁成本，农民利益难以得到有效保障。1993 年，北京市颁布了《建设征地农转工人员安置办法》（16 号令），农民得到人均 3 万—5 万元补偿后自谋职业，由于就业不稳定积累了大量的社会遗留问题。2004 年，出台了 148 号令，提出了“逢征必转、逢转必保”，有效地提高了农民的补偿和保障水平，但只能解决涉及征地地区的部分农民的社会转型问题。

三是安置方式缺乏长久考虑。一次性的征地拆迁，农民集中上楼，但产业用地无法保障，使农民缺乏长期发展利益依托。走新型城镇化道路的基本逻辑就是要土地平权，实现各方面利益关系的平衡，既要看到农民的短期利益，又要看到农民的长期利益；既要保护农民局部利益，也要统筹农民整体利益。关键是在土地开发过程中，把农民和产业捆绑在一起，变“杀鸡取蛋”为“保鸡生蛋”，让农民有集体产业支撑，实现农民城镇化进程中的利益依托，促进农村社会结构稳步和谐转型。

其次，从基本特征层面上看，传统城镇化是分割式发展，新型城镇化要整体规划，顶层设计。传统城镇化存在政府主导、外延增长、GDP 导向等特征，由此导致城乡之间、地区之间、部门之间的相互分割。城中村就是这种分割发展方式的典型代表。具体体现为：

空间分割。实质是规划体制制约。一直以来，城乡规划二元分割，农村缺乏规划支撑。如产业园区或房地产开发不能带动周边旧村改造，白地开发上市了，旧村还没有拆。大型交通基础设施建设只负责直接占用的地区，不管相邻边角地，尽量规避代拆代建的义务。甚至出现一些城市道路交通建设导致附近村庄排水不畅，引发村内雨水倒灌。

产业分割。产业园区封闭运行，与周边村的集体产业发展不能有效整合与衔接，园内园外两重天。

体制分割。项目越来越大，土地资源越来越少，需要集中优化配置资源。但是，“村自为战”的小核算体制导致土地利用的碎片化，放大了跨村资源配置的交易成本。

政策分割。政出多门，目标不一致，机制不健全，规划蓝图难以实施。如集体土地建设的园区里的房产证，“三高”企业改造、农民小产权房治理、平原造林后期维护机制等，政策机制上缺乏配套设计。再如 148 号令也只是部分转居，部分社保成本打入一级开发成本，剩余农民将难以转居。朝阳区金盏乡一些村宅基地都拆了，仍不能实现整建制转居。城乡二元土地制度下，集体建设用地利用缺乏制度政策支撑，成为法外之地，势必滋生低端产业。

新型城镇化则是整体规划，统筹发展。实现城乡之间、地区之间、部门之间的空间统筹、产业统筹、体制统筹与政策统筹。

第三，从运行机制层面看，传统城镇化主要是依靠“三重软约束”，透支未来发展空间：

预算软约束。如通过城投公司等政府融资平台实现银行信贷支持，降低拆迁成本、转居成本等。

市场软约束，如政府垄断供地市场，集体土地被排除在规范供给渠道之外，造成结构性的供给紧张，形成土地市场软约束。

资源软约束。为了缓解人口、资源、环境矛盾，规划建设用地指标原本是“刚化”资源约束的“紧箍咒”。然而，一些地区为保障新城或重大项目建设进度，通过转移农村地区指标来满足发展的需要，资源约束软化。一些乡镇一半以上村都被硬性规划为绿地。这些地区的农民就业、社保、上楼问题并没有得到相应解决，集体土地出租的企业厂房无法进行升级改造，旧村住宅也无法改造更新。随着农民财产意识的觉醒，征地拆迁成本快速提升，加之金融监管体制改革的深化，预算约束的刚性会不断加强。集体经营性建设用地、农地和宅基地制度不断规范完善，集体土地入市已是大势所趋，将导致国有土地供给市场约束显化。生态功能定位的日益凸显，特别是对农民发展权保障的强化，资源约束条件的刚性相应加强。传统城镇化的运行机制注定是难以持续的。

新型城镇化的核心机制是提高资源配置效率，实现地尽其力，通过涨价归公，实现地利共享，推进社会转型，“以增（规划指标）促减（人地现状规模），规划还绿”，缓解人口、资源、环境矛盾，建设生态文明，走均衡协调可持续的发展道路。条件是由“三重软约束”变为“三重硬约束”。

（二）走新型城镇化道路就是依托乡镇统筹实施本土型城镇化

乡镇统筹的本质要求是形成产业、经济和当地农村人口的城镇化集聚趋势，促进镇域经济社会的统筹均衡协调发展，完成基于农村地区的本土型城镇化。

1. 目标：由抓经济建设到抓社会建设

一个国家或地区在不同的发展阶段会面临不同的主要矛盾，由此决定了路线、方针和政策的阶段性差异。中国已经进入工业化中后期阶段，北京郊区则属于后工业化社会，发展的重点不能再是唯生产力论的 GDP 导向，应将重点放到提高城镇化质量上面来，更加注重社会建设，推进城乡一体化。

鉴于农村为城市做出的历史贡献与功能定位，转型成本不能也难以单纯通过当地自身搞开发的资金平衡方式解决，“原汤化原食”，而需要由整个社会来消化。一是农民在完成农转居后必须要同步解决社会保障问题。可采取政府垫资、开发社保产业基金项目等多种方式。二是城乡基本公共服务均等化。要在教育、卫生、医疗等方面实现城乡均等化。三是农民居住条件要通过棚户区改造、集体土地集约利用等实现社区化。农村社会建设短板的补齐，本身可以为经济增长带来源源不断的新动力。乡镇统筹是城乡统筹的基础性环节，是推进城乡经济社会均衡发展的微观组织体制支撑。

2. 重点：由大城市到小城镇

大城市化为主的城镇化道路，主要表现在项目立项贪大求洋，优质资源向大城市过度集中，规划建设用地指标由农村转移到城市等。人口和劳动力也随之向这些区域流动和集聚。中国的农民人口基数大，每年都有 1000 万以上人口从农村进入城市。在庞大的人口基数效应下，容易导致人口、资源、环境矛盾的“大城市病”。农民工难以逾越高房价为代表的市民化门槛，成为“两栖人口”。

要探索基于乡村的均衡发展路径。以特色小镇为龙头，重点选择有一定产业基础的地区，加大政策支持力度，健全体制机制，壮大镇域经济。在乡镇层次上强化统筹功能和统筹能力，借力城市产业和功能向农村地区转移，促进农民就地实现城镇化转移，带动农村地区消费，推进农村社会事业发展和新农村建设，实现乡村振兴。

3. 手段：由城市手段管理乡村到建立城乡有别的规划管理体制

2009 年以来，北京市乡村建设项目按照《北京市城乡规划条例》（以下简称《条例》）进行空间规划管理。这套规划办法主要是在原来城市管理基础上形成的，对农村地区而言，有诸多“水土不服”的地方。一是农村发展的阶段与城市存在差距。城市是在基础设施规划的基础上形成的，农村的发展要先有人口、产业，再有基础设施，且农村产业发展生命周期远较城市产业周期短。由于农村发展的难以预测性，规划审批部门往往要求严格，甚至倾向于先验性的不审批农村发展项目。如《条例》第二十二条规定：“规划许可证件包括选址意见书，建设用地规划许可证、建设工程规划许可证、乡村建设规划许可证和相应的临时规划许可证。”二是城乡审批层次落差大，信息不对称严重。第十七条规定，“村庄规划经市规划行政主管部门派出机构组织审查后，报区、县人民政府审批”，实际上，农村建设项目体量一般较小，由于信息不对称，区级政府规划管理部门往往倾向于不予报件。三是农村土地利用形态多样，容易触碰红线。第四十一条规定：“进行乡镇企业、乡村公共设施、公益事业建设和村民住宅建设的，不得占用农用地；确需占用农用地的，应当依照《中华人民共和国土地管理法》有关规定办理农用地转用审批手续后，由规划行政主管部门核发乡村建设规划许可证。”如果完全依照这些城市管理的方式和政策，农村发展路径势必被人为切断。

要提高农村土地用途管制的弹性，激发农村发展的活力。吸取台湾地区“农地农有农用”政策导致农村发展滞后的教训，精细化研究农村特色的专项地政制度，探索一条顺畅高效的审批通道。

4. 体制：由“村自为战”到跨村统筹

家庭承包经营体制改革以来，村集体经济由于受到宏观体制机制的局限，统的职能在不断弱化。村与村之间资源难以整合，产权碎片化，加之大都市地区规划，导致一个乡镇范围内村域经济的严重分化。

要通过跨村统筹发展，形成产业、经济和当地农村人口的城镇化集聚趋势，完成农村的城镇化进程。

5. 主体：由政府包揽到以集体经济为核心

针对农村地区经济社会发展的扶贫工作，主要形式还是以政府包揽模式为主，即加大政府财政投入，动员行政职能部门包村包片，从一些点或面上突破。由于农民主体作用发挥不充分，政府财政资金对农民增收的带动作用打了折扣。

关键是要调动起农民自身的积极性，以集体经济组织为核心，建立农村社区自我改造更新的新机制，形成农村内源式发展：让集体经济组织成为供地主体，使集体经济发展有抓手；加强党对集体经济组织的领导；为集体经济发展和改革提供法律支撑及配套政策；国有资本积极支持集体经济发展；以房、地、钱为着眼点，有效盘活农村集体资产等。

参考文献

蔡昉：《中国经济面临的转折及其对发展和改革的挑战》，《中国社会科学》2007 年第 3 期。

蔡昉：《集成劳动力流动的研究》，载蔡昉、白南生主编《中国转轨时期劳动力流动》，社会科学文献出版社 2006 年版。

蔡昉：《城市化与农民工的贡献——后危机时期中国经济增长潜力的思考》，《中国人口科学》2010 年第 1 期。

陈雪原：《关于“双刘易斯二元模型”假说的理论与实证分析》，《中国农村经济》2015 年第 3 期。

陈雪原：《村富论》，中国财政经济出版社 2016 年版。

陈雪原、孙梦洁：《农民“转居”满意度及其影响因素分析——基于北京市 13 个区县 1200 个农户的实证分析》，《北京市农业职业学院学报》2017 年第 1 期。

陈雪原、王洪雨：《新型集体经济组织：塘约道路的成功密码——农村经济体制演变的基本类型与未来趋势》，《中国经贸导刊》2017 年 6 月（上）。

迟福林：《中国：历史转型的“十二五”》，中国经济出版社 2011 年版。

国家统计局农村司：《2009 年农民工监测调查报告》，国家统计局网站，2010 年 3 月 19 日。

国务院发展研究中心农村经济研究部：《集体所有制的产权重构》，中国发展出版社 2015 年版。

郭光磊：《推进首都新型城镇化与集体建设用地集约利用的思

考》，《中国经贸导刊》2015 年第 21 期。

郭光磊、陈雪原：《乡镇统筹的改革思路与城镇化转型——基于大兴区农村集体土地改革试点的典型经验》，《财经智库》2017 年第 3 期。

黄中廷：《改革集体土地征用办法，给农民留下发展空间——关于征用八角村土地改革补偿方式的调查报告》，摘自《光辉的历程》，中国农业科学技术出版社 2009 年版。

［美］杰拉德·德布鲁：《价值理论——对经济均衡的公理分析》，杜江、张灵科译，北京经济学院出版社 1988 年版。

［美］詹姆斯·布坎南：《财产与自由》，韩旭译，中国社会科学出版社 2002 年版。

建设部调研组：《农民工进城对城市建设提出的新要求》，载《中国农民工调研报告》，中国言实出版社 2006 年版。

简新华、黄锟：《中国工业化和城市化进程中的农民工问题研究》，人民出版社 2008 年版。

莱芜市政研室：《关于农民变市民的利益比较及政策取向研究》，调研报告，2010 年。

刘世锦：《农民工市民化对扩大内需和经济增长的影响》，《经济研究》2010 年第 6 期。

厉以宁：《走向城乡一体化：建国 60 年城乡体制的变革》，载《厉以宁论文选（2008—2010）》，中国大百科全书出版社 2011 年版。

林毅夫、蔡昉、李周：《中国的奇迹：发展战略与经济改革》（增订版），格致出版社、上海三联出版社、上海人民出版社 2014 年版。

毛泽东：《中国革命和中国共产党》，载《毛泽东选集》第二卷，人民出版社 1991 年版。

［美］黄宗智：《华北的小农经济与社会变迁》，中华书局 2000 年版。

钱穆：《国史大纲》，商务印书馆2010年版。

曲福田、田光明：《城乡统筹与农村集体土地产权制度改革》，《管理世界》2011年第6期。

王晨、左林：《成都户改：农民带产权进城》，《改革内参》2011年第1期。

王美艳：《劳动力迁移对农村经济的影响》，载《中国转轨时期劳动力流动》，社会科学文献出版社2006年版。

魏后凯：《加速转型中的中国城镇化与城市发展》，转引自《中国城市发展报告》，社会科学文献出版社2010年版。

魏后凯、陈雪原：《带资进城与破解农民市民化难题》，《中国经贸导刊》2012年第4期。

魏后凯、陈雪原：《中国特大城市农转居成本测算及推进策略——以北京为例》，《区域经济评论》2014年第4期。

武汉大学战略管理研究院：《中国农民工与城市流动人口研讨会综述》（肖鼎光），转引自张国胜《中国农民工市民化：社会成本视角的研究》，人民出版社2008年版。

习近平：《摆脱贫困》，福建人民出版社1992年版。

［匈牙利］亚诺什·科尔内：《短缺经济学》，经济科学出版社1986年版。

徐盘钢：《锁定"明天的午餐"——建立农民增收长效机制的"上海实践"》，《农民日报》2011年4月18日第3版。

章铮等：《农民工城镇化现状及前景》，转引自《中国农民工战略问题研究》，上海远东出版社2009年版。

张国胜：《中国农民工市民化：社会成本视角的研究》，人民出版社2008年版。

张文茂等：《北京郊区农村经济社会结构转型研究》，北京燕山出版社2010年版。

宗成峰：《城市农民工社会保障问题的实证分析——以对北京市部分城区农民工的调查为例》，《城市问题》2008年第3期。

中国科学院可持续发展战略研究组:《中国城市化的成本分析》,《2005 中国可持续发展战略研究报告》,科学出版社 2005 年版。

Coase, R. H., "The Problem of Social Cost", *The Firm, the Market and the Law*, The University of Chicago Press, Ltd. ,London.

Lewis, W. A., "Economic Development with Unlimited Supplies of Labor, 1954, The Manchester School of Economic and Social Studies", *Selected Economic Writings of W. Arthur Lewis*, New York University Press, 1983.

Lewis, W. A., "Unlimited Labor: Further Notes", *The Manchester School*, 26 (1): pp. 1 – 32 (January 1958), *Selected Economic Writings of W. Arthur Lewis*, New York University Press, 1983.

Lewis, W. A., "Reflection on Unlimited Labor", in *International Economics and Development* (Essays in Honour of Raoul Prebisch), ed., L. E. DiMarco, New York: Academic Press, 1972, pp. 75 – 96. *Selected Economic Writings of W. Arthur Lewis*, edited by Mark Gersoviz, 1983, New York University Press.

Linn, J. F., "The Costs of Urbanization in Developing Countries", *Economic Development and Cultural Change*, 1982, pp. 625 – 648.

Ranis, G., "Analytics of Development Economics", in Chenery H. and Srinivasan, T. N. eds., *Handbook of Development Economics*, Vol. 1, Elsevier Science Publishers B. V., 1988.

Richardson, H. W., "The Costs of Urbanization: A Four – country Comparison", *Economic Development and Cultural Change*, 1987, pp. 561 – 580.

United Nations, World Urbanization Prespects (The 2009 Revision), New York, 2010.

Zhao Yaohui, "Labor Migration and Earnings Differences: The Case of Rural China", *Economic Development and Cultural Change*, Vol. 47, No. 4, Jul. 1999, pp. 767 – 782.